全方位运营攻略

SHORT VIDEO MARKETING

短视频营销

杨光◎主编／无崖子◎著

民主与建设出版社

·北京·

图书在版编目（CIP）数据

全方位运营攻略 . 1, 短视频营销 / 无崖子著 . -- 北京 : 民主与建设出版社 , 2020.8

ISBN 978-7-5139-3156-4

Ⅰ . ①全… Ⅱ . ①无… Ⅲ . ①电子商务－运营②网络营销 Ⅳ . ① F713.365

中国版本图书馆 CIP 数据核字 (2020) 第 152211 号

短视频营销
DUAN SHI PIN YING XIAO

丛书主编 杨 光
著 者 无崖子
责任编辑 刘树民
封面设计 喆 人
出版发行 民主与建设出版社有限责任公司
电 话 （010）59417747 59419778
社 址 北京市海淀区西三环中路 10 号望海楼 E 座 7 层
邮 编 100142
印 刷 三河市德利印刷有限公司
版 次 2020 年 9 月第 1 版
印 次 2020 年 9 月第 1 次印刷
开 本 880 毫米 ×1230 毫米 1/32
印 张 6
字 数 120 千字
书 号 ISBN 978-7-5139-3156-4
定 价 198.00 元（全 6 册）

前 言
Preface

一面是经济寒冬，一面是短视频火热。

根据酷鹅用户研究院在2019年6月所发布的调查报告，短视频持续保持高增长态势，独立用户数达6.4亿。

短视频行业有哪些新趋势？

用户为何会刷到停不下来？

短视频如何编辑才能让其更优质？

短视频如何运营才能收割更多流量？

短视频如何实现快速营销和变现？

首先，短视频作为一个新的媒介方式，有别于传统媒介，所有内容都通过视频来表达，与纸质媒介的不同之处就在于内容具有生动性，可以以最快的速度吸引用户的关注。

视频内容的独特性和新奇性是最关键的，也是在商业竞争中不容忽视的重要因素。

对于短视频平台而言，只有不断鼓励用户出产更多优质的内容，才能更快地占据更大的市场份额。

其次，短视频营销的市场规模将会不断扩大。其中涉及了短视频的变现问题。相较于商业广告的贴片和冠名方式，短视频更适合植入软性广告。除此之外，不少的短视频团队也开始涉足短视频与电商结合的变现模式，这种变现模式正在被越来越多的人接受。

随着内容投资创业的热潮不断翻滚，很多企业、团队，甚至个人都投入了这场激烈的战斗中。短视频在今后的发展中将呈现出多元化、多样化和专业化的特点。

短视频平台只是一种变革后的媒介形式，使内容的表达与呈现更加丰富多元，互动性更强。

和传统的长视频相比，短视频的内容更加精简。但值得肯定的是，智能手机的普及和人们越来越碎片化的时间，给短视频提供了广阔的生存空间。

谁顺应了大势，谁就能将短视频营销做到最好。

本书共分为九章，分别介绍了新媒体时代短视频营销的特点和属性、短视频的盈利模式、如何选择短视频营销的平台、如何建立短视频制作团队等内容。

希望本书的出版可以为相关从业者提供有益的参考和借鉴，制作出更加优质的短视频，实现短视频营销的利润最大化。

目录 CONTENTS

03 找准调性：适合才是最好的

04 策划先行：好策划才有好作品

05 拍摄制作：寻找质量与成本的平衡点

短视频的构图法则与后期制作要点

快速引爆：低成本也能 100 万 +

流量变现：短视频的盈利

01 短视频：多屏时代的创业风口

当微博、微信、贴吧、论坛等新媒体平台凭借着平民化、个性化等优势在极短的时间内掀起了一股传媒界的热潮，短视频也在伴随着这些新媒体平台的崛起而扶摇直上。今日的短视频早已不再是简单的仅供人们在茶余饭后消遣的谈资，而是成为一个可以直接决定新媒体影响力的因素，是能与多种商业要素相对接的“新蓝海”。

越刷越有趣的短视频

身边“唰唰唰”地刷抖音、快手之类的人越来越多。

短视频有“毒”。和阅读图文太久会累不同，刷短视频不仅不累，往往还越刷越有精神。很多时候，两三个小时一“刷”而过，浑然不觉。

国外的 SocialBeta 将短视频定义为“短视频是一种视频长度以秒计数，主要依托于移动智能终端实现快速拍摄与美化编辑，可在社交媒体平台上实时分享和无缝对接的一种新型视频形式”。

短视频平台首先出现在国外，如 Instagram、Vine、Snapchat 等。国内此类产品的起步稍晚于国外，相继有抖音、快手、美拍、微信短视频等入局。具体来说，短视频有三大特点（如图 1-1 所示）。

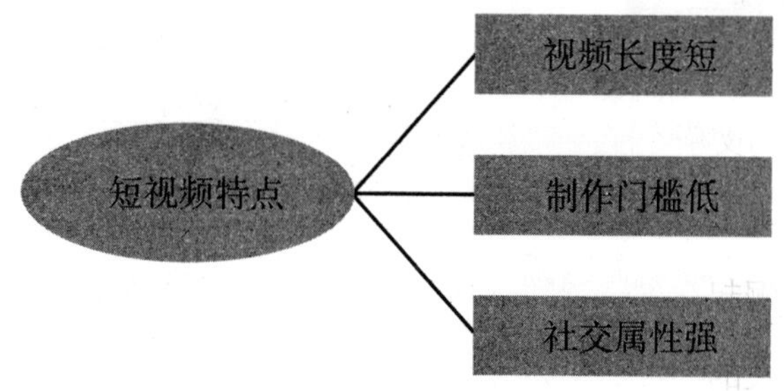

图 1-1　短视频具体特点

一是视频长度短，一般控制在30秒左右。二是制作门槛低，无须专业拍摄设备。三是社交属性强，其传播渠道主要为社交媒体平台。

短视频的出现既是对社交媒体现有主要内容（文字、图片）的一种有益补充，同时，优质的短视频内容亦可借助社交媒体的渠道优势实现病毒式传播。

短视频是对于传统媒介方式的革命，也是其补充，传统媒介的内容表达方式主要是文字和图片，是静态的；而短视频的内容表达方式是视频，是动态的。相对于静态的内容表达方式，动态的更容易吸引人的注意力。

为此，一种新型的媒介内容表达方式问世。基于其属性的原因，表达什么样的内容就是接下来要讨论的问题了。这也就很容易理解媒介的本质属性、传播内容。传播什么样的内容就是媒介根据自身的优势和特点而定的。

随着视频营销概念的火热以及众多成功案例的出现，各个企业也开始逐渐重视起短视频这个新型媒介，并借助短视频输出自己的文化和产品，以此来营销自己。

尽管短视频是最近几年为人们所熟知和关注，实际上，短视频的崛起并不仅仅局限于微信端，其发展的时间也绝对不是一天两天的事情。如果从专业的角度来分析，短视频领域的演进总体上经历了3个时期（如图1-2）。

图 1-2　短视频的演进

1. 蓄势期（2012 年 ~2014 年）

从 21 世纪初开始，移动互联网的普及速度明显加快。到了 2012 年，智能手机、室内无线网络、室外 3G 网络得到了广泛普及，此时短视频工具也开始应运而生并出现了短视频行业发展早期的“三巨头”：腾讯推出的微视、美图秀秀旗下的美拍、新浪推出的秒拍。伴随着短视频的兴起，其观众规模也开始初具，但由于题材狭窄、制作粗糙等原因，这个时期的短视频行业总体上还处于“不温不火”的状态，其“主战场”也以传统的网页端为主，尚未在其他平台产生足够的影响力。

2. 转型期（2014 年 ~2015 年）

2014 年，比 3G 网络更为先进的 4G 网络开始普及，同时各大运营商积极开展提速降费工作，而移动视频经过几年的铺垫也收获了一批比较成熟的观众。在发展环境持续利好的情况下，短视频行业也开始了悄然的转型之路。这一时期最明显的变化就是短视频的推送渠道开始从单一化走向多元化，就是从传统的视频网站开始向微信端、微博端及其他 App 端扩张。也正是因为从 2014 年起，短视频的传播渠道实现了质的飞跃，所以这一年称为“中国移动短视频元年”。

3. 爆发期（2016 年至今）

从 2016 年开始，短视频开始向新媒体领域全面发力。这一时期，短视频不仅在优酷、腾讯等平台掀起了一轮又一轮的话题狂潮，也在微信端、微博端获得了极大的关注，大批资本和专业人士纷纷进入短视频领域。此时，短视频不但在内部完成了题材多元化的转型，更在外部完成了传播渠道的改弦更张。现在的短视频已经将微信、微博等作为自己的主要传播载体。

经过了多年的发展，今天的短视频早已从新媒体发布内容的陪衬变成了主角，而伴随其一路走来的，是无数人力资源和资本的大量涌入。

首先，有识之士的参与。短视频在互联网行业一日更胜一日的火热，引起了很多有识之士的关注。很多精通短视频技术和短视频内容策划的专业人士纷纷投入到短视频内容制作的创业大潮中，并在短短的几年时间里凭借自身的努力和行业的契机迅速成为新媒体行业的新星。

2013 年，《外滩画报》总编辑徐沪生辞去职务，并于第二年创办了视频新媒体“一条”；

2014 年，“蓝狮子”出版中心总编辑王留全从任上离职，并于同年创建了自己的互联网出版企业“赞赏”，紧接着他又进行了二次创业，创建了视频新媒体“即刻视频”；

2015 年，《三联生活周刊》副主编苗炜辞去职务，并创建了新媒体“拇指英雄”；

2016 年 5 月下旬，原《澎湃新闻》首席执行官邵兵正式宣布离职，转而投身短视频领域，并于同年10月创办了自己的视频新媒体“梨视频”。

……

看完了上面讲述的这些案例，相信大家已经能够真切地感受到短视频对于新媒体行业乃至整个新闻业的冲击。事实上，短视频领域的火爆程度早已超出了预期，向整个新兴经济领域扩展。除了这些“科班出身”的专业人士，一些非科班出身的创业者，也纷纷加入短视频的创作大军中，而这其中的佼佼者便是孙继海。

2016年2月，孙继海创办了自己的新媒体品牌——“嗨球”。嗨球主攻体育领域的短视频社交。在孙继海看来，他希望自己创办的嗨球能够成为可供运动员们发声的渠道和强化运动员与粉丝之间联系的纽带，并借此平台培育出成熟的足球文化。目前，孙继海利用电话沟通、微信交流等方式，已经成功邀请了超过300名职业运动员入驻嗨球。

孙继海作为一名曾经的职业运动员，从其退役前的个人履历中，人们丝毫看不出他和短视频有什么交集。然而现在的孙继海，却以嗨球创始人兼董事长的身份真真切切地走进了短视频领域。短视频巨大的发展前景由此可见一斑。

值得注意的是，在今日的新媒体领域为人所津津乐道的“网络红人”，也大多得益于短视频文化的兴起。号称国内“第一网红”的papi酱，在财经界有巨大影响力的吴晓波，成功将知识打造成视频的罗振宇等，都是通过优质、专业的短视频才在各类新媒体上获取了大量粉丝。

科班出身的行业高手也好，半路出家的创业小白也罢，短视频正以无可争辩的热度吸引大量的有识之士投身其中。相信以上列举的这些人绝不是从事短视频创业的全部成员，未来还会有更多的人成为短视频创业大军中的精英。

其次，巨额资本的投入。短视频的崛起不仅吸引了大量人才的涌入，也获得了资本的青睐。

在资本方看来，短视频毫无疑问是“离钱最近的新媒体”。既然能为自己带来可观的回报，那么大规模的投入自然就是值得的。于是，在其他新经济形态中多次出现的融资盛宴，在短视频领域再次上演。

2016 年 3 月，通过短视频成为“网红”的 papi 酱获得了 1200 万元的融资，该笔融资由真格基金、逻辑思维、光源资本和星图资本共同进行。

2016 年 11 月，中国手机视频行业的“独角兽”企业一下科技完成了来自新浪微博、上海广播电视台、微影时代共同参与的 5 亿美元的第 5 轮融资。这既是一下科技融资历程中单笔融资金额最多的一次，同时也创造了中国手机视频行业单笔融资金额最多的纪录。

如果说 papi 酱和一下科技所获得的融资已经足够惊人的话，那么接下来的统计数据则更会让人瞠目结舌。

根据 2016 年短视频内容生态报告的统计，仅在 2016 年一年，有关短视频内容创业的融资已经超过了 30 笔，包括秒拍在内的 12 家短视频制作企业在 2016 年全部完成了融资。而在投资这些短视频的“金主”中，不乏红杉资本、华映资本等著名创投基金的身影，其中真格基金、基石资本两家基金在 2016 年全年的短视频投资更是超过了 3 次。

资本之所以如此钟爱短视频，主要还是因为其在商业模式转化方面具有更为多样的可能性。随着短视频自身的演进，未来还会有更多的资本参与到这个领域中。

事实上，所谓的短视频就是我们通常所说的短片视频，是一种网络内容的传播媒介，通常是在互联网上播放时长在 10 分钟以内的视频信息。随着手机终端的大范围普及和网络环境的改善，以短、平、快为主要特点的短视频内容逐渐获得各类新媒体、粉丝和资本的钟爱。

在短短 5 年的时间里，短视频的总播放量从不足 4 亿到现在的日场总播放量过百亿，行业内共发生了多笔融资，累积获得了破百亿元以上的投资，最终成为规模超过 600 亿元的市场。

活跃在朋友圈和微信群的短视频，不仅已经成为时下观众最为青睐的传播内容，而且其本身也正在进行着更深层次的探索和更广泛领域的对接。

广大创业者只要在实践中能对短视频领域的红利有深刻的认识，并及时把握住短视频这波“离钱最近”的新媒体创业浪潮，那么自己在新媒体领域“长风破浪会有时，直挂云帆济沧海”就不再只是幻想，而是能够真正实现的愿景。

选对适合自己的平台

从目前短视频领域的发展趋势来看，短视频平台可以分为以下几种类型（如图 1-3）：

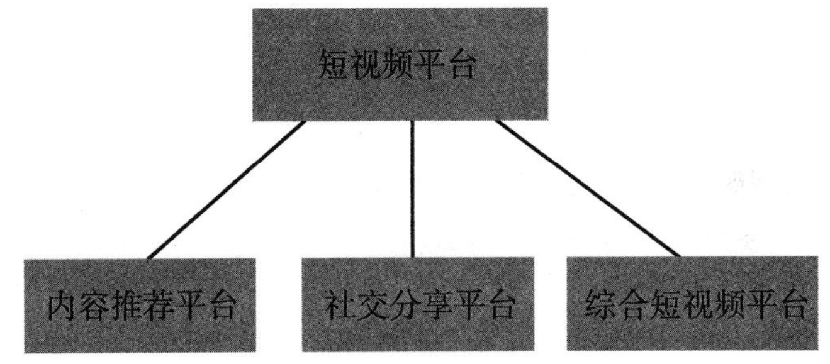

图 1-3　短视频平台的几种类型

1. 内容推荐平台

该类型中具有代表性的当属今日头条、优酷、爱奇艺等视频平台和新闻资讯类平台。它们的主要作用就是对上传到该平台的短视频内容进行推送，只是作为内容提供者。内容推荐平台的最大特点是平台本身就积累了大量的观众，观众黏性大。

因此，很多短视频栏目都选择在这些平台上发布视频。内容推荐平台虽然有大量的原始流量且观众质量极高，但是有利就有弊，优质的平台对内容的审核要求也是极高的。短视频团队要想获得在这类平台的视频投放，要经过多个环节的筛选，只有符合条件的短视频才能被推荐到平台上进行播放。

在这类平台上发布内容，短视频团队获得的利益主要来自渠道分成、内容贴片、广告等途径。虽然这类平台能提供给短视频团队丰富的资源和福利，但是无法让短视频团队进入社交圈，也就无法让短视频团队突破平台发展的固定模式，从而完善平台模式。这也是很多短视频原创团队无法在该类平台上建立起自己的品牌效应的原因。

2. 社交分享平台

社交分享平台是主要用于日常交流的平台，我们常见的如QQ 空间、微信、新浪微博等都属于这种平台。这些平台主要是供观众娱乐社交、互动的，并非专业的短视频投放平台，但是越来越多的短视频栏目选择在这类平台上发布短视频。其中最大的原因就是，这类平台信息传播速度快，覆盖观众范围广。且这类平台在观众的日常生活中使用频率高，观众对这些平台中的内容关注度高。因此，社交分享平台成为短视频发布的又一渠道。虽然都是内容的提供者，但是和内容推荐平台的区别在于，社交分享平台本身不给短视频内容提供流量推荐。当然这其中不包括新浪微博，我们都知道在微博上发布任何内容，只要创作者愿意花费一定的金额，平台就会进行不同程度的投放推广。

在大部分的社交分享平台上发布视频内容，主要是依靠观众的转发分享来获得点击量。并且由于这类平台社交性、互动性强的特点，非常有利于短视频形成自己的品牌效应和影响力。最典型的 papi 酱、日食记等的原创短视频，就在新浪微博上获得了大量粉丝，火得一塌糊涂。

3. 综合短视频平台

以上两种类型的短视频平台主要是起到搬运工的作用。而综合短视频平台，除了内容传播分享和社交的作用之外，还包括对短视频内容的制作。可以说，综合短视频平台集合了以上两种平台类型的多种作用。

这类短视频平台是社交与PGC（Professionally-generated Content，专业生产内容）以及UGC（User-generated Content，观众生产内容）模式相结合的多元化形式，观众在这类平台上既是内容的生产者，也是内容的观看者。常见的综合短视频平台有美拍、秒拍、快手等。

在这类平台上不仅可以浏览他人的短视频并进行互动、转发，还可以利用平台上的工具进行简单的视频制作。由于这种简单的视频制作，使得很多观众都十分感兴趣，也使得这类平台每天都有大量的短视频内容产出。

但是，由于综合短视频平台的侧重点都是围绕短视频，单一的内容形式使观众对这类平台的黏性并不高，相比之下观众更依赖于社交平台。除此之外，短视频内容同质化严重也是这类平台所面临的一大问题。

在短视频红利时代，很多相似的平台应运而生，造成综合短视频平台之间竞争激烈。因此，搭建这类平台最关键的任务是提高观众的黏性。短视频创业不是一件容易的事情，要想做好并获得长久发展，就需要处理好每个阶段的任务。

和做内容相比较，做平台虽然更容易在极短的时间内产生巨大的影响力，但是在竞争如此激烈的环境下，平台未来的发展是不可预测的。

短视频营销的 4 个特点

相较于其他传统营销手段，短视频营销所具备的优势非常明显。

首先，短视频更走心。短视频比图文更能抓住人的注意力，并让观看者产生代入感。图文是静态的，而短视频是动态的，在画面呈现的同时还会伴随走心的音乐、语调、剧情、旁白等，迅速走入观众的内心。因此，这对于企业来说是一种完美贴合的广告形式。对于用户而言，短视频这种更为立体全面的视听一体化的形式更能调动他们丰富的情感。

其次，短视频具有较强的互动性。无论是双击点赞，还是留言“吐槽”，抑或是转发、翻拍，互动形式多种多样。这些都大大增强了营销与被营销之间的互动性，也让人们更乐于接受。

再者，短视频的营销渠道多样化。只要一条短视频拍得好，就能在多个平台形成宣传效应。

目前，短视频营销已经成为一种营销利器。那么，以产品营销为目的的短视频通常需要具备哪些特点呢？

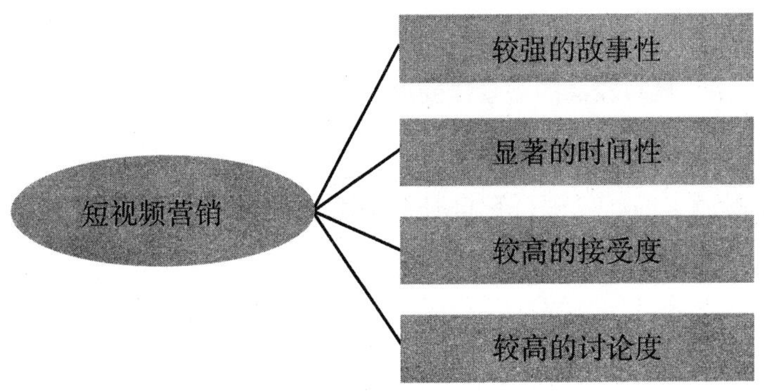

图 1-4 短视频营销的特点

1. 需要具有较强的故事性

相比起普通广告，营销类短视频的时间会长一些，它往往需要在短则几十秒多则几分钟的时间内讲述一个较为完整的故事。它并不会直接与观众对话，对某个产品进行推销，而是通过故事让观众了解到品牌的文化与观念，可以算得上是为用户塑造一种品牌形象，让自身品牌更富有魅力，更立体化。

2. 需要具有显著的时间性

一般这种短视频的时长会在五到十分钟之内，几乎和课间休息以及工作间歇的时间相当，算得上是占据了客户的碎片时间。

但由于此类短视频特有的故事性，能让观众产生想要看完的冲动，这样就能让观众心甘情愿地把时间花在该内容平台上。

当下的内容竞争的核心不是竞争用户的数量，而是竞争获取用户的时长，一个可以完美占据用户碎片时间的短视频广告，自然可以获得更大的流量。

3. 具有较高的观众接受度

传统的视频广告在网络上传播的时候，通常是被放在视频播放之前，这无疑已经让观众感到厌烦了，以至于会选择购买会员跳过它，因此这类视频广告所能起到的宣传效果非常有限。

然而短视频则更多地出现在内容平台上，用户需要做的是自发性地去观看，一般不会产生反感情绪，接受度一般说来要高得多。

4. 具有较高的观众讨论度

一般不会有人去讨论一条仅有十几秒的广告，广告里面的内容不外乎对某个产品的推销，并不值得花时间去讨论。但像那种讲述了某个故事的短视频广告就不同了，一般都会引起广泛的讨论。

例如苹果发布的一条名为“三分钟”的短视频就引起了广大网友对春运这一社会热点的共鸣，同时其选择使用的拍摄工具也引起了众多网友的吐槽与讨论。

类似这样的议论自然会为短视频带来热度，进而变成一个热点，那么就会有更多的人去观看那条短视频，从而参与讨论，这样传播的目的也就达到了。这些都是网友自发进行的传播，从头到尾都没有官方的影子，完全不会让人感到不适。

就目前来看，短视频营销相比起传统营销模式具备比较大的优势。那么在未来，我们也可以期待短视频营销领域实现跨越式发展，助力品牌和企业的营销活动。

短视频创业 3 个要素

不可否认，在互联网领域中短视频已经成为内容传播的一种重要方式，甚至成为互联网行业乃至整个创业圈的新风口。伴随着来自行业内部的重视，各类企业纷纷加入短视频的创业大潮中，以期分得一块“蛋糕”。

然而蛋糕虽好，若想得之却不是一件容易的事情。在短视频变现过程中，需要对视觉、流量、转化等三者进行细致把握和完美融合（如图 1-5）。

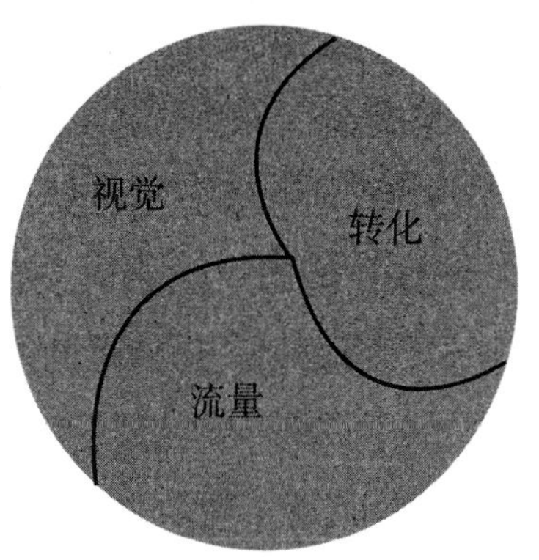

图 1-5　短视频创业三要素

视觉对应的是感官上的享受，是短视频自身品质的直观体现。而流量对于短视频来说则是观众在认可其视觉呈现后带来的一种自然而然的副产品。至于转化率，其本质上就是对流量的变现。

1. 视觉之于短视频——对外宣传的“敲门砖”

当观众点开一个短视频时，呈现在眼前的，首先是短视频的内容，也就是行业内部通常所说的视觉呈现。在拥有短视频的新媒体平台为观众推送短视频时，炫酷而富有美感的视觉呈现不仅能带给观众极大的视觉冲击，更能为新媒体平台本身带来良好的效益。可以说，视觉呈现之于短视频，就好比是后者在对外宣传过程中的“敲门砖”。

一方面，从短期来看，优美的画面能够带给观众视觉上的享受，继而使之沉浸其中。这样就能在极短的时间内迅速吸引观众关注，特别是急需“冷启动”的新组建的新媒体，让短视频的画面更有吸引力就好比是战场上的第一仗，首战必胜。另一方面，从长期来看，“画风”独特的视觉呈现，可以使短视频新媒体在观众心中形成特有的印象，这样不仅能够增强观众对新媒体的黏性，还有利于塑造新媒体的品牌个性。

作为新媒体在运营短视频业务中的第一步，运营人员在对视觉呈现进行优化时，必须把握好短视频视觉呈现的两个特点。

（1）简

“简”是指环境简单，短视频不同于电影，既不需要纷繁复杂的情节，更不需要宏大的场景。所以在拍摄背景方面，应当从简。但是简单并不意味着简陋，为了呈现出良好的视觉效果，运营者应当把环境布置得富有质感。

（2）快

“快”是指情节进展节奏快，观看短视频的观众一般都比较缺乏耐心，但又希望在较短的时间内了解一个故事或一种知识。轻快的画面呈现无疑能够迎合观众的这种需求，同时快速切换的画面本身也能带给观众目不暇接、意犹未尽的感觉。

为了让短视频的视觉呈现更富吸引力，同时也为了让短视频具备“简”和“快”这两个特点，短视频新媒体既要通过各种技术手段把短视频的画面做出精致的感觉，增强画面质感，又要将现实场景和虚拟动画场景结合起来，使视觉呈现效果更生动。

2. 流量之于短视频——促进自身发展的能量来源

互联网行业一直强调“流量为王”，这一点对于短视频新媒体来说同样重要。一方面，充沛的观众流量意味着关注或了解短视频新媒体的观众较多，这可以直接提升短视频新媒体的知名度和影响力。另一方面，足够多的流量也是短视频新媒体进行广告投送、内容电商、企业并购，乃至与其他新媒体同行竞争的物质基础。

无论是从增加名气这个“务虚”的角度，还是实现变现这个“务实”的角度，流量之于短视频，毫无疑问是短视频新媒体促进自身发展的能量来源。而这种关键作用，也就注定了任何一家短视频新媒体都必须将通过发布短视频来为自己带来流量，当成一项必须做到的基本功。

然而，正如罗振宇在某场演讲上所说的那样，中国国民的总时间到了今天，已经达到了饱和，从今往后很难再有新增的流量了。当今短视频创业领域的实际情况，也印证了这个悲观的说法：短视频领域的流量开始越来越多地向头部聚集，内容深度化、专业化的新媒体得到了观众更多的偏爱。面对严峻的形势，短视频新媒体必须采取更有针对性的措施，以争取有限的流量。

从当前的形势来看，要想稳定地获取流量，短视频新媒体的从业人员至少要做到以下两点：

（1）为短视频拟一个富有吸引力的标题

正所谓“每个人都是充满好奇的宝宝”，每个人的内心深处都有猎奇心理，当短视频的标题具备了神秘感甚至是悬念时，观众自然会出于好奇心一探究竟，这时流量便产生了。

（2）拓宽短视频的题材选择范围

纵观当前的短视频领域，以情景喜剧为主的泛娱乐内容无疑占据了绝大部分，然而总是在短视频里表演段子难免会让人感到乏味。同时，人们对和自己生活息息相关的美食、健身等题材还是存在一定需求的，所以相关短视频新媒体运营者如果能够让自己的短视频涉及面更广一些，就可以获得更可观的流量。

3. 转化之于短视频——将关注变成盈利

根据专业机构的统计，早在网页端互联网时代，有视频的网络媒体的流量转化率往往要比没有视频的网络媒体高出两倍还要多。而到了今日这个资讯异常发达、信息极度过剩的移动端互联网时代，短视频更是成了各类新媒体获得流量转化的标配手段。在此背景下，短视频新媒体运营者应当时刻思考的不应是是否进行转化，而应是怎样加快转化。

和传统的电视媒体、纸质媒体一样，在互联网世界炙手可热的新媒体从本质上来说，依然是企业。既然是企业，那就必须考虑盈利。作为短视频新媒体核心产品的短视频，更应该起到提升转化率的作用。事实上，短视频存在的最终意义，就是充分地呈现信息，建立和观众之间的黏性，继而刺激变现。

作为互联网行业公认的“离钱最近的媒介形式”，短视频在流量转化、内容变现方面具有不可比拟的优势。

一方面，和传统的图片、文字等媒介相比，短视频可以凭借更低的成本和更广维度的观众建立连接。

另一方面，和网络中的另一个媒介——直播相比，短视频占用观众的时间较短、重复率更低、灵活性更高，备受有推广需求的企业的青睐。

短视频领域的火爆，从侧面反映出移动互联网从早期的工具属性转变为平台属性的趋势，而这个转变过程正好为多样化的变现模式创造了产生和发展的条件，而新的变现模式也在一步步影响传统变现模式的升级换代。从短视频领域目前所处的发展阶段来看，短视频领域还没有形成一套成熟稳定的流量转化体系，不过这并不影响短视频领域的“领头羊”企业对商业变现道路的探索。在这方面，一条、二更两家短视频新媒体可以说是率先垂范的典型代表。

2016年8月，一条旗下的“一条生活馆”正式上线。“一条生活馆”本质上是个手机购物平台，通过这个平台，一条的观众可以购买各种商品。无论是日用百货还是家具，无论是电子产品还是护肤用品，甚至是线下的培训课程和旅游产品，都能在一条的专属卖场上找到。实际上，一条已经和线下的500多家供应商达成了合作。

一条通过搭建电商平台进行流量变现，可以说是当今短视频领域最直接、最常见的变现方法。不过与纯粹的电商不同的是，依托生活美学性短视频建立起来的一条生活馆，更像是一种兴趣电商。

和一条简单的另建电商平台不同，二更在流量变现方面，走的是和短视频内容制作息息相关的商业定制广告之路。

在广告定制业务领域，二更已经完成了对CK、太平鸟两家时尚企业的商业定制广告制作播放任务。通过和这些知名品牌的营销合作，二更不但获得了可观的收益，而且自身的品牌知名度也得到了提高。

二更为知名企业定制广告，既赚到了钱，又赚到了名，真可谓名利双收。事实上，不管是兴趣电商模式，还是广告定制模式，对于短视频新媒体来说，都是从短视频的角度切入，通过高品质的内容获得观众和流量后，再将其进行变现的标准商业化方式。只要能够高效率地转化，那么任何方式都值得一试。

对于短视频新媒体来说，短视频带给观众的，首先是视觉上的震撼，在此基础上观众开始为本平台提供流量，伴随着这个过程，观众的身份从初始观众到核心观众的转化便得以实现，这便是视觉、流量、转化这 3 个要素完美融合的具体体现。视觉、流量、转化三者并不是完全孤立的，而是互相促进，互相影响的。我们身处的商业环境正在变得越来越年轻，对从短视频生产一直到最终转化为收益的商业模式的探索也应该与时俱进，时刻创新。

02 短视频营销最火爆的 6 大平台

移动互联网的发展，为短视频创业者提供了更多的机会。对于短视频创业者而言，用户量的多少始终是衡量其创业成果优劣的重要标尺。

基于此，如何吸引高质量的用户就成了摆在广大短视频营销人员面前的重要课题。

因为，找准自己的定位，选择适合的平台，提供用户感兴趣的内容，等等，对于短视频营销而言都是非常重要的几个方面。

抖音：一个迅速崛起的娱乐营销流量池

抖音是一款专注年轻人的音乐短视频社区平台，该软件于2016年9月正式上线，是一个集合了短视频拍摄和音乐创意的短视频社交软件。用户可以通过这款软件选择歌曲，并录制短视频，形成一个音乐短视频作品。

2019年7月30日，李现入驻抖音，短短十天内，“粉丝”数超越微博，达到2146余万人。截至到目前，其第一条抖音点赞数即超2182万，创造了惊人的“粉丝”互动记录。

这无疑是一场“抖音式”娱乐能量的集中爆发。李现官方账号正式入驻抖音前，其在抖音站内的热度就发酵已久，直接话题视频播放量超176亿，衍生话题中，超过十个话题播放量以亿次计。对这位“当红炸子鸡”，抖音毫不吝啬地展示了自己的娱乐热情与流量实力。

2019年8月13日，抖音在上海举办“IN D制娱－抖音娱乐营销沙龙”，分享短视频时代抖音娱乐营销的全景生态布局。

抖音在最开始的时候，使用了“潮”“酷”“时尚”等标签，很显然这个定位让抖音在开始发力时占据了优势，快速聚集了一批以一二线城市年轻人为主的用户。

根据抖音对用户年龄及区域分布的统计，抖音用户中85%为90后用户，70%以上核心用户（高活跃度用户）来自一二线城市。目前，抖音已经成为市面上最火爆的短视频平台之一。

抖音将“潮”“范”“魔性”“脑洞”等关键词作为其娱乐化营销的重点，在 C 端，这些核心关键词吸引了许多年轻人紧跟抖音设定的这股潮流，以此为主题进行视频创作；在 B 端，大量运动、时尚、旅行等品牌由于其产品定位符合抖音的调性，纷纷选择在抖音上进行适合自己的品牌和产品营销。在抖音为 MICHAEL KORS 定制的短视频大赛中，其启用吴佳煜等多位网络红人为 MICHAEL KORS 定制短视频，将抖音的优势体现得淋漓尽致。

相对来说，抖音有着四大特性（如图 2-1）：

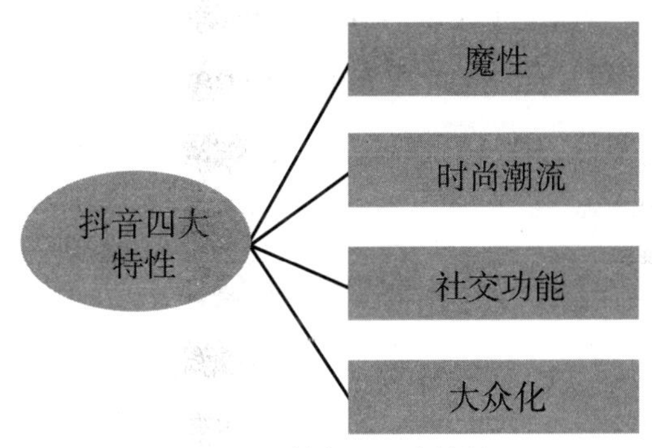

图 2-1　抖音的四大特性

1. 魔性

抖音的视频内容几乎有着相同的特点，它们可以很轻松地吸引住用户的关注，通过传递一种神秘的情绪，吸引用户的目光，让用户沉浸其中欲罢不能。因此，如果你也想做出能迅速吸引用户目光和情绪的短视频，那么也可以模仿抖音那种切镜头、迅速录像、夸张的表演方式，让用户在你的视频当中“成魔成瘾”。

2. 时尚潮流

抖音一开始的用户定位十分年轻化，整体 VI 视觉识别体系的风格也十分独特，这象征着他们未来的用户主流正在从 80 后、90 后往 00 后转移。

3. 社交功能

在抖音的评论区经常出现一个现象，即网友评论比视频本身还要吸引人。

因此，永远不要忽略你的产品在网络营销时的各种评论，它们也许是为你带来流量的重要口碑。根据目前抖音用户群体的火爆增长势头，或许在不久的将来会超越微信，成为新的社交平台，因此抖音营销的前景不可估量。

4. 大众化

在抖音上面，每个人都能轻松地成为导演，影像简单化和傻瓜式操作降低了拍摄门槛，让每个跃跃欲试的人都能在抖音上找到存在感，也因此使这个平台走向了千家万户。

基于抖音平台的娱乐化特点和以上优势，企业和品牌可以根据自身定位，录制相应的短视频在该平台进行营销推广。

“记录美好生活”是抖音的新口号。这句没有什么鲜明特点的话，开始使抖音从小众逐渐走进大众的视野，也是他们逐渐扩大目标用户群体的一种体现。

快手：真实生活中的短视频营销

相较于抖音，快手的起源似乎更加接地气，它因为一篇文章而火爆全网，在《残酷底层物语：一个视频软件的中国农村》这篇文章里，描述了一个与一、二线城市完全不同的，以三线以下城市、乡镇农村为主要用户的短视频 App。

在这个快手 App 里没有时尚元素，没有网红脸，视频的主要内容围绕着做饭、种地、工地搬砖、跳广场舞等社会底层人民生活场景展开。

这种与日常生活息息相关的视频内容迅速吸引了广大网民的注意力，目前，快手用户已经超过 7 亿，活跃用户也已超过 1 亿，庞大的用户量证明了它的实力。

快手与抖音在口号的建立上十分类似，“记录生活，记录你”，这句话显得没有什么明显辨识度。

快手创始人宿华也表达了同样的价值观：“记录本身就是一个平淡的词，没有情感和情绪。”

相较于抖音有点“浮夸”的特点，快手的特点显然是“真实”，这也表达了两个平台的不同定位：浮夸的世界也许令人向往，但朴实的世界才更贴近生活。

有人在网上评论二者的差别：“抖音上边小哥哥、小姐姐看起来颜值很高，都很带劲，但时间久了，翻来覆去就那点东西，偶尔解闷还好。而快手更像是一个集市，十分真实，尽管鱼龙混杂，但是总能找到你想要的。”

这也正是快手吸引年轻人的策略，来快手，看一种差异化的、接地气的、真实的世界。

也许连快手也没有想到，他们在放弃时尚、潮流这样的元素后，竟然还能聚集大量的用户，成为不同于娱乐化营销的另外一种平台。

因此，在快手上可以看到另外一种机遇，如果你能贴近它的真诚实在的特点，创作出吸引大众用户的视频，并且让用户通过观看视频一步一步产生好感，成为你的“粉丝”和潜在客户，那么在这个平台上进行短视频营销也必将产生良好的效果。

海鲜哥是快手平台上的一位网络红人。顾名思义，海鲜哥的视频几乎都与海鲜有关，再进一步了解，他的视频中所展示的海鲜都属于自家产品。

他利用人们对渔业的好奇，通过对日常生活工作的记录，向大众呈现了各个环节。例如：他会通过拍摄进货时的细节，让大家了解到海鲜交易的环境和交接货的内容。他还会录制做菜环节，教大家如何烹制海鲜。另外，他还会利用网上火爆的吃播浪潮，对吃海鲜的过程进行直播。

通过这样生动真实地展现海鲜交易、烹饪、食用的各个环节，让用户在对一个领域建立新的认知的基础上，也对海鲜哥的产品有了了解。一旦有用户认为这些产品是健康的、干净的、美味的，自然会带动产品的销量。

基于短视频的属性，一定要牢牢记住利用好“短”这个字的特征，也就是说，要在极短的时间内，撬动用户的购买欲，促进产品的营销。

虽然视频的重点是营销，但是不能仅仅把它制作成一个广告视频，那样只会引起观众的反感。

想要在快手平台做好短视频营销，最重要的是做到真实接地气，直观反映生活原貌，保护好短视频原有的乐趣，同时利用短视频营销的优势，更生动真实地呈现出产品状态，让观众能够被吸引。

例如一顶帽子，仅仅放在店里展示，也许会因为外观不够吸引人而无人问津。但当有人戴着这顶帽子走在街上，或者通过其他方式进行展示，使周围的人可以更加直观地看到这顶帽子戴在头上的效果，就可以让周围的人更有代入感，从而激发大众的购买欲。

因此，可以利用快手平台带入生活场景的便利性，为观众展示商品在生活中的用途、样态等，从而可以更加有效地激发观众的购买热情。

秒拍：专注年轻化营销

无论哪个时代，年轻人永远是潮流的风向标，具有最强劲的购买力。因此，各大品牌商都会努力把握年轻人的潮流动向，让自己的产品能贴近年轻人的喜好和需求，让他们喜欢自己的产品。

可是作为短视频营销平台，如何能让自己的品牌更好地达成年轻化战略目标呢？秒拍就抓住了这个商业热点，进行了自己的“年轻化一站式服务”，通过一系列年轻化营销活动、年轻化内容、年轻化渠道，吸引年轻化受众（如图 2-2）。

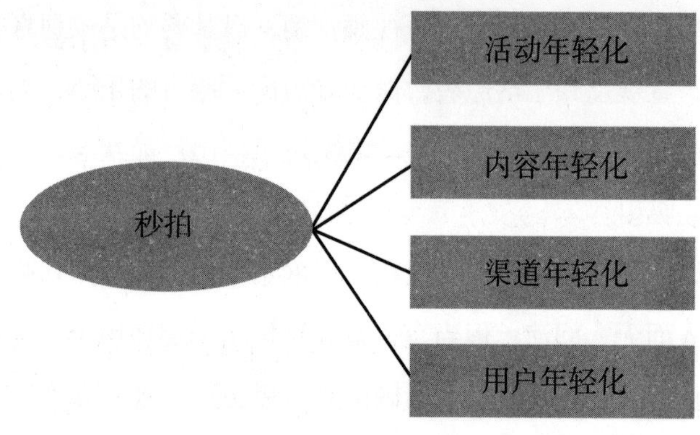

图 2-2　秒拍的年轻化一站式服务

1. 活动年轻化——提升趣味性，拉近与目标用户之间的距离

早在短视频行业兴起初期，秒拍就作为老牌短视频平台，开始在视频营销领域深耕。由于图文信息流的营销方式思维单一，他们很快就将重点转移到视频营销上，开启了更加多元的活动。

例如，秒拍与肯德基之间合作过一次极具趣味性的营销活动。他们在圣诞节时期，共同发起话题活动——圣诞吃鸡，他们利用了热门游戏的元素拉近了一部分年轻人的距离，又邀请了人气偶像鹿晗、朱一龙、罗云熙、陈子拍摄圣诞愿望视频进行宣传，进一步吸引了大批“粉丝”上传自己的“圣诞愿望”。肯德基、“吃鸡”和偶像因素叠加，轮番提升了视频营销的趣味性，直触年轻用户 high 点。

其中，偶像明星以其超高人气，成功吸引了众多年轻用户的参与；而外表酷似圣诞老人的“肯德基爷爷”“对着炸鸡桶许愿”“圣诞季”“吃鸡”等元素，既有趣又能引发年轻人对于童真的渴望。最终活动视频总播放量超过 2100 万，在获得了巨大流量的同时，还为门店带来了实际销量转化，将更加“暖心”“年轻化”的商业品牌形象植入消费者的内心。

此外，秒拍还经常利用偶像明星的力量，发起了“粉丝”打卡活动。被邀请的超级人气明星包括 TFBOYS、朱一龙、任嘉伦、马思纯、邓紫棋、王力宏等，这些明星所覆盖的“粉丝”群体十分广泛，因此带来了很多参与者。这些参与者通过拍摄秒拍全新广告、标志，为明星加油。最终，这项活动在秒拍以及明星的带动下，由于更为贴近年轻人的兴趣，话题总阅读量超过 10 亿，并吸引了大量用户参与，也为品牌曝光以及建立自己的口碑奠定了基础。

2. 内容年轻化——明星、UGC、MCN 赋能

秒拍最核心的内涵是明星效应，目前在秒拍入驻的有 TFBOYS、贾乃亮等 3000 多位明星。明星在秒拍上带来了年轻化的内容，以及天然的流量和话题。明星通过在秒拍上发布新歌 MV、生活日常、影视剧预告等，每一个元素都可以引发大批年轻用户和“粉丝”的热议，产生了许多的话题，甚至引领了另外一种时尚潮流。

秒拍还与各大 MCN 机构合作，例如 papitube、洋葱视频、咯吱一下等知名 MCN 机构。这些 MCN 出产的内容，都有几大特点：产品质量高、追热点、引发共鸣、贴近年轻人。秒拍也正是因为这一点，与他们建立了很好的合作关系。一方面，大量的 MCN 机构在秒拍持续产出高质量视频；另一方面，秒拍将进一步对优质内容进行大力扶持，保证了平台年轻化内容的稳定性：可谓双赢。

此外，秒拍之所以能够聚集大量年轻人的原因，还在于月活跃量近 3 亿的 UGC 用户为秒拍提供了源源不断的年轻化内容。

大量的新主流用户通过在秒拍上拍摄视频进行分享，分享的内容包括生活日常以及追星。用户通过发布生活日常视频，对自我进行表达，引起他人的关注；而追星相关的视频，则极大地促进了年轻用户之间的交流，满足了一部分用户对明星生活的好奇。

3. 渠道年轻化——社交属性实现了内容营销的价值最大化

秒拍通过与微博的链接，拥有自己天然的优势，成功地实现了自己的社交属性。据艾瑞数据提供的微博用户画像显示，2018 年 3 月，微博月活跃用户数突破 4 亿，其中 30 岁以下的用户占比为 53.69%。庞大的用户活跃量，以及年轻人更热衷对内容进行分享和讨论的特点，保证了秒拍内容的传播力度，更好地释放了营销内容势能。

4. 用户年轻化——秒拍新主流用户成主力

秒拍的自我定义为年轻化产品，因此拥有众多年轻用户。秒拍发布消息称，未来将通过结合明星战略以及年轻化定位，进一步发掘目标用户需求，为用户提供更多契合内容，从而让平台更多地聚集优质的新主流用户。

所谓的“新主流用户”即一、二线城市中那些高学历、高收入，爱美、爱玩，热衷休闲娱乐，擅于自我表达，追求新鲜事物，个性化十足的年轻用户。

据相关数据显示，秒拍月度活跃用户数为 2.86 亿，在全网短视频用户渗透率排名第一。其中 35 岁以下用户占 70%，北上广用户占 14%，本科及以上学历用户占 40%。

新主流有其年轻化的特点，更容易接受新鲜事物，并且更乐于对自己认同的内容进行积极传播。这对于品牌而言是一种优势，他们利用新主流用户所带来的巨大流量，打造更为积极的品牌口碑。同时，这些新主流用户也极具购买力，因此对于很多品牌而言，这些用户也相当于海量的潜在客户。

营销活动、渠道、内容、用户，是形成秒拍年轻化营销的一站式服务的重要因素。

秒拍通过年轻化营销活动、年轻化渠道、年轻化内容、年轻化受众，为品牌完成年轻化营销提供了一站式服务。

2016 年起，上海迪士尼度假区与秒拍展开了持续的深度合作，目的是吸引更多年轻人前往游玩。接下来，秒拍还整合了各类资源执行了全方位多元化的营销策略。在发起“迪士尼万圣节”“春天心故事”“迪士尼新年篇”“玩具总动员”等主题活动后，秒拍还邀请明星以及PGC助阵，拍摄视频进行宣传，号召更多的年轻用户参与推广。除此之外，秒拍还联合一下科技旗下其他产品共同发力，全方位覆盖和触达更多用户，达到活动的全方位营销。

此外，秒拍还与MCN机构咯吱一下平台合作，结合其潮流栏目“暴走街拍”，深度定制了迪士尼的年轻化内容。

该栏目还通过打造迪士尼“情侣档”“家庭档”的街采栏目，建立与消费者之间的联系，引发消费者的共鸣。通过“暖男向前冲”“幸福停车”两期短视频的话题采访内容，打动受众，提升用户对品牌的好感度。

最后，通过与微博联手，共同在网络渠道上对相关活动内容进行全面分发，从而获得了上千万的播放量及过亿的话题阅读量，用户纷纷对优质内容进行互动和转发，使该话题触达更多的目标用户。

以迪士尼的活动为例，见证了秒拍如何将内容准确传递给平台更多年轻用户的过程。他们正是通过年轻化的营销活动来引起年轻用户的关注和参与，再通过年轻化渠道，对年轻化内容进行传播。最终，年轻用户反哺品牌活动，完成短视频营销的一站式服务，形成营销闭环。

西瓜：综艺类短视频营销

现在的短视频营销领域中，西瓜视频是一个不容忽视的平台。

2018 年 8 月 2 日，西瓜视频正式宣布全面进军自制综艺领域，打造移动原生综艺 IP。

2018 年 10 月 12 日，西瓜视频发布九档综艺片单，涵盖移动原生综艺与微综艺两大内容类型。

1. 微综艺

得益于短视频的火热，微综艺逐渐进入综艺市场，此类节目时长在 15 分钟左右，以短小精悍、节奏轻快、网感强烈、话题度高而著称，再加上垂直细分题材，迎合了广大网友的口味，深受各大平台推崇。

郭德纲首档短视频脱口秀《一郭汇》入驻西瓜视频，上线 24 小时，播放量破 1300 万。

还有以鹿晗本人为核心，以广大的“鹿饭”群体为传播半径的国内首档纯网纪录片式互动真人秀节目《你好，是鹿晗吗》八集播放量高达 1.6 亿。

商业模式方面，目前，微综艺大都以冠名、赞助、特约为主。

相较于传统综艺广告十几秒的转瞬即逝，短视频的表达方式能让广告主不仅凸显品牌诉求，更能够将品牌属性与节目内容精准匹配，锁定核心用户，从而实现广告价值。

2. 原生综艺

西瓜视频将打造 9 部综艺节目，包括移动原生移动综艺“头号任务”“考不好没关系？”及 7 部微综艺“西瓜拌饭”“理娱客”“我和哥哥们”“丹行线”“遇见台湾，遇见金马”“海角甜牙”“侣行·翻滚吧非洲”。

目前，整个综艺领域都开始呈现出创新乏力的问题。西瓜视频此番打造的移动原生综艺和微综艺或许会是国内综艺市场的突破。

不仅如此，西瓜视频在进行内容营销方面也具有独特优势（如图 2-3）。

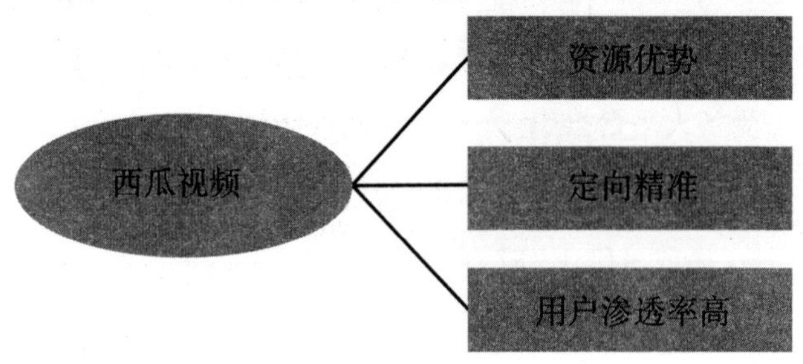

图 2-3　西瓜视频在内容营销方面的独特优势

1. 资源优势

西瓜视频在 UGC 层面打造了集内容制作、“粉丝”运营和商业变现于一体的内容生态平台。其用户增长迅猛，月活用户超过 1.5 亿。

2. 定向精准

西瓜视频有着一套十分明确细致的定向标准。具体而言，基础定向如用户性别、年龄段选择；地域定向覆盖全国四十多个城市，3000 个商圈，精确到省、市、商圈区域；用户环境定向细分到设备类型、操作系统、手机型号、网络类型选择；兴趣定向包含了共计 186 个兴趣标签，如游戏、科技、金融、餐饮、理财、汽车、体育等，对目标人群进行了十分详细的分类。

3. 用户渗透率高

在主要短视频平台同领域用户渗透率中，西瓜视频渗透率达到 56.0%，排名第一；快手渗透率为 55.1%，排名第二。

对于短视频平台而言，针对用户特点进行精准投放是十分重要的，而提供优质的内容可以打造显性竞争优势。

西瓜视频正是看到了精准投放的重要性，因此利用海量数据的分析，在用户增长的同时率先做出布局。

首先是通过短视频整合用户播放数据，进行用户倾向判断，以短带长。在此基础上，引导用户在观看过程中找到兴趣要点，逐渐完成从观看到消费的闭环。西瓜视频以建立互动场景为基础，在此基础上通过强势内容进一步吸引用户。

西瓜视频利用人们对综艺类视频越来越高涨的热情，以及不同于传统综艺的长节目架构形式，推出了更符合受众观看心理的微综艺内容，西瓜视频推出的这种节目形式，一方面由于时间较短而很容易被大众接受；另一方面，它紧随热点的新鲜优质内容也满足了人们了解时事的需求。

除了这些优势以外，更重要的一点是，西瓜视频展现出了更加流行有趣的内容与形式，这也是它比传统新闻视频更具吸引力的原因，它用通俗易懂的形式能让大众更容易接收到重要信息。

当然，想将创意变为现实还需要考虑具体的应用，而即使最优质的内容想要得到广泛传播也离不开营销推广。很显然，西瓜视频的营销变现能力不容小觑。

例如：在汽车营销方面，西瓜视频优质团队推出了“侣行——穿越东欧”等微综艺节目，凭借全新的创意玩法，高度人文化的全新视角，以及高质量的内容拍摄，使该微综艺节目得到广泛好评的同时，也获得了更多汽车品牌的合作推广。

西瓜视频也因此展现出强大的原创能力，得到了更多合作汽车品牌的青睐。

综合来看，西瓜视频的综艺特性，也将成为西瓜视频在短视频营销中的优势。

火山：圈层化的短视频营销

目前，短视频营销已逐渐成为企业营销的主要方式之一，原因在于各种短视频 App 深受用户喜爱，无形中拉近了品牌与用户之间的距离，品牌因此在短视频营销中获得了新的机遇。

火山小视频是一款 15 秒原创生活小视频，通过小视频帮助用户在展现自我的同时，迅速获取内容，获得“粉丝”，发现同好。

目前来看，在火山小视频的用户身上，可以看出非常鲜明的特征：

一是年龄在 25~35 岁的用户占比超过一半，显示出年龄层次的轻熟化趋向。这说明火山小视频的用户中出现了越来越年轻群体，这与有着相同年龄定位的品牌相契合。但同时也给品牌一个重要的启发，目标客群并不能一味地追求年轻化，需要在青年用户和中年用户中，根据其消费决策能力等方面的特质，寻找一个平衡点。在这区间拓展目标客群，才能获得更大的利益。

二是三、四线及以下城市的用户占比高达 52.3%，显示出了用户下沉。根据 CNNIC 第 42 次《中国互联网络发展状况统计报告》，三线以下城市的网民在占比上正呈现快速上升形势。因此，如果将三、四线城市作为未来品牌营销的重点，那么可以提前针对这些区域的用户进行短视频营销，获得品牌营销的主动权。

三是用户的消费能力十分强大，这主要体现在两个方面：一是用户对他人消费有着极强的带动能力，可以推动对方促成消费；二是个体的消费转化，主要依靠网络红人带货、直播打赏等形成转化。

四是符合细分化、垂直化的方向。垂直领域人群持续聚集，为形成价值机遇奠定了良好的基础。

有数据显示，2020年后，中国短视频行业月独立设备数的环比增长速度逐渐放缓，短视频行业需要开始寻找新的突破口。因此，未来短视频行业需要探索更有潜力的用户经营和商业模式，在存量市场之外开拓新的市场。火山小视频也正是抓住了新市场深度拓展的发力点，才进行了此次平台的升级。

此外，三、四线城市网民的占比还在不断扩大，依旧保持着很强的增速。这也侧面反映了，“人群红利”在三、四线城市市场依旧存在。目前在火山小视频上，有大量三、四线城市新增网民因为找到兴趣点而沉淀了下来，在未来，这样的规模还会随着网民的增加而不断扩大。因此，火山小视频在未来的目标之一就是，帮助品牌在三、四线市场拓展目标客群，从而进行营销。

基于平台与用户的调性，火山小视频以圈层化的趋向为营销重点（如图2-4）。

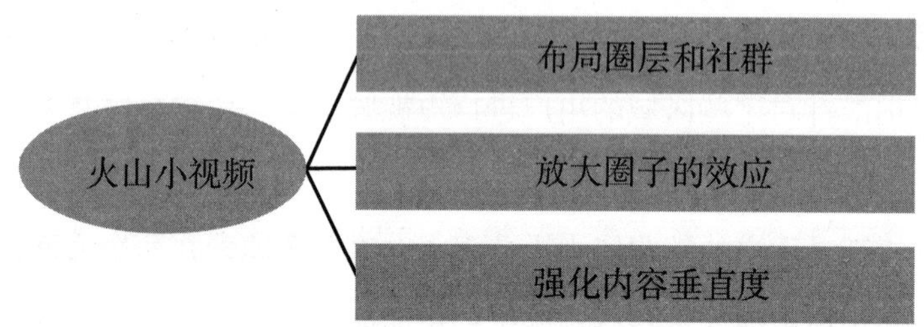

图2-4　火山小视频圈层化趋向的营销重点

一是在大方向上布局圈层和社群，三、四线城市的用户群体通过熟人关系（亲戚、朋友）和深入的行业兴趣建立起了十分紧密的社交圈层，这使他们有着更稳定的生活环境和稳固的社交关系。这种社交圈层使他们彼此之间关系更加紧密，进而影响到他们的消费决策。这与火山对三、四线城市用户的重点拓展和挖掘方向其实是相一致的。

社交圈层影响了社交电商的快速增长，2018 年，社交电商的年增长率超过了 439.2%，这个庞大的数字可以证明一切。

二是玩法上全面放大圈子的效应。火山小视频为了使更多兴趣相近、志同道合的人找到适合自己的圈子，上线了火山圈子。在圈子功能里，用户还可以选择成为一圈之主，来维护这个圈子的和谐和活跃性。

未来，火山直播还会签约更多优秀的头部主播，对频道进行精细管理。这些主播的目标并不仅仅是吸金，还需要成为具有榜样作用的公众人物，努力提升主播自身的内涵。

三是在内容的生产上，会对内容垂直度进行强化。火山平台上的美食、舞蹈、旅行都属于强势垂类。2019 年，火山推出头部 IP 计划，对更多垂类进行强化，鼓励培养出更多优秀的垂类作者，从而创作出更加优质的内容反馈给垂类兴趣爱好者。

那么，短视频营销人员可以通过火山小视频的这些特性得到哪些启示呢？

其一是从用户运营的角度来说，圈层的向心力是通过兴趣的聚合来拉动用户的提升而形成的。

火山特征鲜明的人群圈层是由多样个体的依托而形成的。这些圈层分别是：以生活消费为依托的中坚力量圈层、以人群兴趣为依托的城镇休闲圈层、以行业垂直为依托的职业技能圈层。

圈层可以使圈内的用户产生共鸣、认同和归属感。他们产生于新兴的互联网消费群体，以同样的兴趣爱好、价值取向等聚集，形成圈层。圈层里人之间的包容性会远大于圈外人。因此，以圈层化来深度拓展用户成为重要的方向之一，兴趣属性强或者品牌特色鲜明的内容和产品，更受他们的青睐。

其二是从内容的生产和投放上，无论是贴近生活的内容、职业化内容还是时尚内容，总是能通过圈层内群体的转发扩散促进传播的裂变，最终有效渗透到圈层之外，在不同的圈层间形成回打效应，进一步扩大目标群体的范围。

在火山小视频上，既可以找到与自己有着相同兴趣爱好，又可以找到职业上有相同学习意愿和追求的圈中人，这样可以同时从生活和职场两个维度共同包裹用户，让火山不仅仅能让用户在工作之余通过娱乐解压消遣，又能促进其在职场上与他人一起共同成长。这促使了火山与用户之间更强的连接性。

其三是从玩法的提升上，圈层与直播功能互相渗透，使网络红人与用户之间的连接更加紧密，更容易影响用户的思维模式。

每当一个网络红人产出内容，这个内容就会显示在他的置顶主页上，并根据网络红人“粉丝”的社交关系进行分发推荐，所以网络红人的“粉丝”会看到网络红人分享传播的品牌内容。

然后，“粉丝”又会根据网络红人的视频进行模仿，产出新的 UGC 内容。

网络红人上传的内容还会通过信息流资源进行深度推广，通过分析不同用户的兴趣，对用户进行精准推送，实现对兴趣人群的全面覆盖。

每当兴趣人群对该内容做出点赞、评论、模仿、合拍等行为，又会以不同形式触发对内容的进一步扩散，影响到那些潜在人群的点击观看。当越来越多的人加入该话题当中，这个内容就被引爆了。这是内容从内向外扩散传播的路径，将会吸引潜在兴趣人群的关注，最终形成价值沉淀，包括品牌认知、品牌涨粉、产品购买、人群数据标签等。

其四是圈层营销。从营销的转化上看，缩短了从吸引力到消费力的心理回路。

这主要有三种体现：一是由于二、三线城市的休闲特性，消费者往往拥有较多的闲暇时间，与身边亲戚朋友的交往更加频繁，能够互相影响；二是当地人群消费的风向往往靠中坚力量带动和影响；三是作为本行业精英的职业人群，往往能在行业内发挥影响作用，能为特定行业的营销提升说服力。

最后，圈层营销可以实现从线上影响力到线下影响力的转移，之后再由线下回流至线上，由此实现新用户的拓展。

在短视频娱乐化、碎片化倾向越来越明显的当下，面对并不是今天才出现的社群化运营、圈层化营销思路，可以将社群化、圈层化与短视频的用户拓展及品牌营销相结合，这也无疑在 2020 年为火山小视频营销提供了新的视角。

美拍：女性经济视域下的短视频营销

一提到女性短视频社区，很多人首先想到的还是它——美拍。

美拍这个视频类 App 凭借功能丰富、时尚好玩等特性，成功吸引了一大波“粉丝”。自 2014 年面世以来，作为微博上最有影响力的企业，它的官博也一直盘踞于微博前十位。

美拍算得上是目前原创能力最强、女性用户最为聚集的短视频社区。因此，它也吸引了大批以女性受众为主的广告主进行投放。微播易平台交易数据显示，2017 年，在各视频平台成交额的数据中，美拍占比高达 44%，是 2017 年最受广告主青睐的短视频平台。

除了美拍自身的优势之外，美拍持续不退的热度也和所属公司的营销策略息息相关（如图 2-5）。

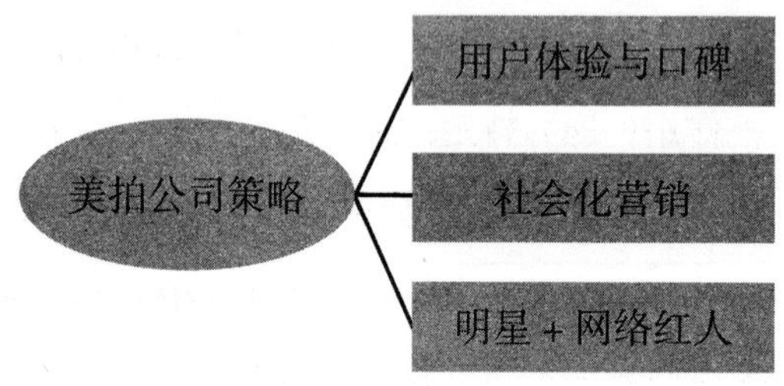

图 2-5 美拍公司的营销策略

1. 良好的用户体验与口碑

早在美拍上线之前，美拍的幕后开发者美图公司所发行的美图秀秀和美颜相机两款 App 便已深受用户喜爱，尤其在女性用户中建立了十分良好的口碑，这也成为美拍能在产生之初就聚集大量“粉丝”的重要基础。

青出于蓝胜于蓝，美拍在美图秀秀和美颜相机的基础上，集合其优势，并带来了全新升级和飞跃，让用户在制作视频和直播的同时，能够使用唯美的滤镜，这一点对于同行业产品而言，可谓极具核心竞争力，受到广大女性用户的一致好评。

美拍的良好口碑从美图秀秀和美颜相机延续至今，无论是上线之前的 IOS 平台公测，还是正式上线之后采取的免费模式，都使用户在得到良好体验的同时交口称赞，互相推荐传播，美拍也因此轻而易举地获得了大量的用户。

如果一个产品想要获得良好的口碑传播效应，那么它一定要先给用户带来良好的体验。只有产品经得起消费者的检验，切实满足了消费者的某种需求，用户才会愿意主动帮助产品进行推广。

充分尊重女性使用偏好的美拍，在软件设计逻辑很自然地杜绝了烦琐与复杂，使用起来简便而高效。美拍 iPhone 版上线仅 1 天，即登 App Store 免费总榜第[illegible]，并连续 24 天蝉联榜首。

圈住女性用户，就意味着滚滚财源。脱胎于美图公司的美拍，也有着天然的女性用户基础。在借势女性经济上，美拍很自然地赢在了起跑线上。

2. 良好的社会化营销效果

社会化营销，即产品通过微博、微信等信息互动平台进行宣传推广的一种方式。

美拍深知任何主流媒体应用的成功都离不开社交，因此将“10 秒视频 + 社区”的应用作为自我定位。他们在前期用户导入上，试图将绑定微博和 Facebook 的用户连同社交关系一起导入美拍社区；为了提高关注度，又利用一键分享到其他平台的方式。这两步使美拍自身的影响力逐步扩大，并得到了很可观的传播效果。

3. “明星 + 网络红人”双重吸粉

在美拍进入市场之初，“粉丝”用户借助明星推广而得到快速壮大。很多用户下载美拍 App，是由于自己的偶像也注册了美拍，他们想通过平台获取偶像的信息，甚至和偶像互动。这个时期，由于明星效应，对用户产生了很强的吸引力。

之后，除了明星传播之外，一批网络红人突然在美拍上涌现，帮美拍成功吸了不少“粉丝”。

就国内目前的娱乐环境来说，知名网络红人所受到的关注度，可以与一线明星比肩。

美拍的用户主要为 90 后的年轻人，甚至也包括 00 后。

美拍也正是知晓明星、网络红人对这类群体的强大吸引力，因此通过明星 + 网络红人的营销套路，将短视频营销发挥到了极致，紧紧抓住了用户的眼球，因此很多用户即使用了很久美拍也依旧没有放弃。

随着消费升级和中国短视频社交的发展，短视频营销逐渐在中国兴起。美拍也依靠着不断地更新拍摄剪辑玩法创意吸引着源源不断的新用户和短视频创作者，同时不断通过平台运营、大数据智能推荐和美拍达人扶持，占住视频社交与短视频营销两大风口，逐渐在美拍诞生了包括 papi 酱、小蛮、HoneyCC、刘阳 Cary、喵大仙、扇子等一批优质短视频原创作者，成为各个细分垂直短视频领域拥有话语权与影响力的一批短视频创作者。

最后，通过事件营销吸引用户。

事件营销只要策划得好，就能以小博大，给企业带来惊人的曝光率。美拍很好地利用了事件营销这一制胜的神器，在一系列参与度高的话题活动策划中，打造出了最经典的“全民社会摇”。

“全民社会摇”活动是用户通过将经典摇滚歌曲，加上美拍上的特效，根据自己的音乐品位和节奏，剪辑出自己独特的“摇滚”视频，每个人都可以创造出独一无二的音乐，这一点立刻吸引了很多“粉丝”的追捧与积极参与，活动仅开展两天就拥有了近百万的播放量，在微博阅读量一度高达 1.8 亿，带来了强劲的热度。

并且，在互联网社交产品中，女性用户往往被视为一种资源而非用户本身，因为在视频社区中，一个女性用户就能吸引数十个男性用户的到来，他们的社交欲望会更强烈，陌陌、探探实际上都包含着这一层产品逻辑。

所以美拍除了策划话题活动，还通过邀请全民女神全程直播时装周看秀，该过程全部由美拍平台播出，这为美拍带来了超多的“粉丝”量，她们通过在线观看和对女神表白的形式，扩大了美拍的品牌传播力。

此外，美拍的“女性化”是服务女性用户本身的产品。美拍孵化众多女性短视频达人，比如 MCN 机构洋葱视频创始人聂德阳曾经讲过，办公室小野实际上最早是在美拍上运营并成功引爆的。而像古风美女、美食达人李子柒、大胃王密子君等全网知名的达人，都来自美拍，美拍又见证着这些达人从成名走向内容变现。

纵观美拍这几年的营销之路，可以说各种营销方式齐上阵，集合成了一部网络整合营销的教科书。一方面他们以此扩大了产品的知名度，另一方面他们吸引了更多的用户参与进来。

然而，美拍的短视频加分享之路，会随着大众审美的疲劳，而终会被“粉丝”们慢慢地遗忘在脑后。美拍也许也意识到了这点，开始向短视频平台转型，扩大自己的内容范围，力争让女性用户喜欢的同时，也让男性用户在上面找到兴趣所向。

以女性族群为营销热点的女性经济发展势头越发迅猛，“为她服务”已成为目前流行的经营策略。在未来，美拍将会持续深耕女性文化，将女性经济的道路走得更远。

03

找准调性：适合才是最好的

所谓的品牌调性，说得通俗一些就是品牌的外在表现而形成的市场印象，是消费者的对品牌的看法或感觉，等同于人的性格。调性对品牌成败的影响程度远远超出常人的想象。但是却不能违背品牌属性，只有合适的才是最好的。否则，这个品牌就很难走远，这是自由市场的潜规则。

专业领域媒体化

伴随网络的快速发展，如今的社会已经开始向媒体化演变，人们无论是发布信息还是获取信息，无论是个人决策还是商业决策，几乎都离不开媒体。媒体化是整个商业市场的大势所趋。移动互联网技术使得整个内容工业的生态得到重构，信息传播效率得到了翻天覆地的变化，在这种社会大背景下，即使一个非常小众的受众群体也蕴含着巨大的商业机会。移动互联网时代，每个人都可以成为媒体人。

随着生活水平的显著提高，人们的消费需求也在潜移默化地改变着，越来越多的人开始关注自己的个性化需求，追求高品质。在这样的社会背景下，传统的短视频平台遇到挑战，特定领域的视频内容增长迅速。短视频生产机构视知传媒创始人兼 CEO（首席执行官）马昌博曾经表示："未来单纯靠娱乐吸引用户的短视频平台会陷入困境，而致力于发布有用信息、提供专门知识、帮助解决问题，最终为用户节省时间的优质短视频平台会异军突起。"

随着短视频行业的快速发展，行业竞争的加剧，短视频产品愈加丰富，只有更精准、更深入的视频内容才能得到大众的青睐。所以，更强调视频内容细分和视频内容专业化的短视频新媒体被认为是网络媒体的未来。

短视频新媒体制作流程并不复杂，内容也并不需要像电视台一样包罗万象，这就要求短视频创作者必须专注于自己所做的视频内容。把有限的资源集中在某些特定的领域或某种特定的需求，量身定制的短视频内容更容易开创新领域，抢占消费者。只要你的视频满足了一部分人的需求，就一定能够得到这部分人的关注和认可，从而带来流量和用户，实现变现。

在专注内容方面，企鹅团的创始人“醉鹅娘”王胜寒的表现无疑是较为鲜明的。王胜寒专注于研究红酒文化，《醉鹅红酒日常》系列视频，讲述了如何醒酒，如何分辨酒的种类，如何做好酒和餐的搭配等关于红酒的知识。目前，这个视频已经成为国内颇具影响力的脱口秀。基于这个视频，王胜寒在新媒体平台也获得了超过100万的粉丝，《醉鹅红酒日常》也成为很多葡萄酒学校的准教材，而王胜寒也成为红酒界的启蒙老师。

那么，如何才能更好地专注于自己所做的视频内容，成功吸粉呢？

1. 找准定位，确定内容方向

短视频表现的形式多种多样，覆盖领域也比较广。对短视频内容创业者来说，定位是一件非常重要的事。一开始就定位好视频内容，认准一个点去深耕细作，不仅容易得到粉丝认可，而且吸引到的粉丝也会更加精准，后期可以结合的商业模式就更加丰富。

美拍是美图秀秀出品的最火的短视频社区之一。美拍爆红的最大原因之一，就是以拍出优质视频为市场定位，根据爱美是女性最大天性，针对女性需求，找准市场，打破吉尼斯纪录，成为国内举足轻重的短视频社区。

可以说，精准的定位是美拍取得成功非常重要的一步。相反，如果没做好视频内容定位，就很难吸引粉丝订阅。即使一开始吸到了粉丝，后期还是难以转化。比如你做一个厨艺展示的短视频，却没有做好视频内容定位，每天都发布卖房信息显然是不合适的。

2. 要有自己的特色

所谓的特色就是与众不同的地方，这就像是一道菜，只有属于自己特色的味道，并且能满足大众味蕾的需求，才能得到大众的持续喜爱。而短视频也是如此，只有保留自己的特色，发挥自己的优势，这才能够更好地竞争。比如，papi 酱的特色就是变音、连续快节奏转场和吐槽。

再比如“深夜谈吃”，这是一个专注研究美食的视频公众号，虽然做美食的视频数不胜数，但是它却将美食与文化结合起来，做出了属于自己的特色，并且及时更新，选择非常有诱惑力的点，10 点准时推送，成功吸引了大众的胃和好奇心，很快成为美食类视频的翘楚。而这就是一种特色文化。

在笔者看来，特色甚至要比专业性更重要一些。毕竟大众在短视频内容上并不过多追求知识深度，他们关注的往往是热点与专业结合的东西，从这个角度上说，有意思的视频要更具发展潜力。

3. 要有新鲜感

保证视频内容的新鲜感，这是为了让信息更加有时效性和新鲜度。在这一点上，短视频的内容，一定要做到给人眼前一亮的感觉，第一眼的感觉是非常重要的。这不仅仅是内容的新鲜度，也需要把握拍摄的技巧。同时，也需要讲究内容的包装。当然新颖的形式包装，也是需要的。比如，微电影也是非常好的形式。随着短视频的发展，形式上的包装发挥的作用将不可小觑。

4. 保持敏感度

社会上有着各种各样的热点话题，有热点就有关注，这也是短视频的发挥余地。这需要短视频创作者要有敏锐的眼光、及时关注、深度挖掘。对于社会热点，每一个人都会有自己的评判标准。但是很多情况下，很多人会越过道德的边缘妄加议论，这是一种不道德的想法，所以对于内容上的热点，短视频企业需要理智地对待社会热点，用更加理性态度来正确引导，这也是社会责任感的体现。

5. 持续创新，不能重复

短视频内容要及时更新，我们要保证每一节视频内容都不重复。如果重复，大众感觉视频内容不新鲜，不仅没有再看下去的欲望，对短视频的印象也会大打折扣，甚至还会不再关注我们后期推送的其他视频。

这方面，一条做得很不错，基本能够保障每天至少推送出一条原创生活短视频，内容从来不重复，每天都给用户耳目一新的感觉。

当然，视频内容创新也有利于吸引大众，稳定粉丝。

6. 要提供思想性的视频

这是非常重要的一点，生活需要娱乐，更需要智慧。有思想有高度的视频能够更有效地吸引大众眼球，增加粉丝黏度。当然，偶尔需要提供一下服务性的作用，比如帮助大众解决一些实质性的问题。现在的网民知识水平都很高，知识共享是非常有吸引力的。比如，如果有的粉丝发现自己关注的短视频节目出现了常识性错误，肯定会提出质疑，降低忠诚度，也有可能立刻取消关注。

做好视频内容定位，在擅长的领域做到专业，专注一个领域，把它发挥到极致，从而满足特定用户的需求。有需求就会有供给，从而给短视频创业者更多的机会，只要短视频的内容满足了一部分人的需求，就一定能够得到这部分人的认可，从而带来流量和用户，实现变现，从而带动短视频行业的可持续发展。

图文包装模板化

在短视频内容生产方面，我们需要考虑如何让视频画面变得受用户喜爱，这就涉及对短视频图文内容进行包装的问题。一个短视频栏目要想受到用户的关注，除了需要持续不断地输出优质内容，还需要做好图文包装，让观众有好的观看体验。

精致的图文包装为短视频内容起到锦上添花的作用，观众可能会被短视频优质的内容所吸引，也可能因为视频的后期包装而增加关注。因此，对短视频的图文包装也是不可忽略的一个环节。

图文包装是很多短视频栏目后期制作的一个过程，为保证视频整体效果的统一，我们在后期对图文进行包装的时候也应该做到合理规范，那么具体应该怎么做呢？

1. 把握好整体结构

图文部分的包装，甚至包括对视频片头片尾的包装，我们都需要形成一套方案，要让整个视频内容形成一体。这就需要把握好短视频内容的整体结构，而对视频结构的把握主要包括内容的完整性、流畅性和严谨新颖。

首先在内容上要保证完整统一，图文包装一定要符合整个视频的风格。避免出现短视频前后风格不统一，让观众莫名其妙。其次，还应该注意，添加图文信息一定要和视频内容自然过渡，不要对图文内容进行牵强附会的包装。

当然，在保证图文包装合理性的基础上，我们也应该突破固有的模式，让我们的包装形式更加独特、新颖，为观众营造出更优质的视觉效果，从而引起观众的兴趣。

2. 简洁醒目

简洁醒目是我们做短视频图文包装的最根本要求，图文在视频中的核心作用在于对内容的辅助性表达。而在动态的视频画面中，图文出现的时间是较为短暂的，同时在画面上的显示面积也是有限的。

因此，在后期对图文进行包装时一定要做到简洁而醒目，要让观众可以快速轻松地获得相关的信息，这也是提高观众观赏体验的一种方式。而过于复杂冗长的图文信息，在很大程度上会降低短视频的视觉效果，从而影响观众。

除此之外，我们在后期对短视频进行图文包装时，一定要注意包装频次不能太多。短视频本身的播放时间不长，不要让后期的图文包装掩盖住优质的视频内容，这样容易让观众分不清主次。适当地包装，不要让短视频看起来花里胡哨，要将后期包装的侧重点更多地放在对视频细节的处理上。

3. 形成独特风格

图文包装是为了使整个短视频更加完美、美观和更具有吸引力。而所谓的风格，就是我们需要对添加的图文内容有一个整体的构思。图文内容体现了我们对视频播放中每一个画面的理解。由于短视频种类繁多，因此我们在进行图文包装时，一定要形成一套自己的风格。

图文包装风格一定要根据短视频栏目的类型、内容、定位等方面进行考虑，一旦风格确定了，就要保证前后一致性，毕竟图文是需要贯穿整个短视频的。

魔力 TV 旗下的造物集，就一直沿用明亮、日式小清新的风格。风格的选择和栏目的定位，以及视频内容都十分吻合，给观众传递出素雅、安静的画面效果。整个短视频前后风格都趋于一致性，因此视频整体的画面效果不会显得过于突兀，同时还极大地增强了用户的观看体验。

造物集在图文包装上形成了自己特有的风格，并一直延续到每一期节目中的这种做法不仅有利于形成自己的标签，同时还增加了栏目的辨识度，加深了观众的印象。

面对短视频领域不断的专业化和市场化，打造自有品牌的意义变得更重大，而要打造出强势的品牌，就需要以一套独立风格和不可复制的图文包装为基础。

4. 开放式图文包装

我们需要形成一套完整的图文包装，但并不意味着这套包装就是封闭的。面对短视频市场环境的瞬息万变，我们需要一套开放式的，适合短视频持续发展的图文包装。只有开放式的包装才能在短视频栏目不断发展的同时增添更多新鲜的内容。

不要让形成的图文包装体系束缚了短视频栏目的发展，而是要让图文包装设计融入我们的短视频栏目。即使面对栏目新的变化方式，图文包装设计也可以始终贯穿和延续下去。

短视频进行图文包装有助于突出栏目的个性和特征，能增加观众对栏目的识别能力。在同质化的环境下，除了在内容上要更加新颖、有创新，在图文包装上也要风格独立，这也是区别于其他栏目的一种方式。因此，我们需要形成一套自己的图文包装风格，让图文包装不断地模块化，使包装形式成为短视频栏目的有机组成部分，这样更有助于我们的可持续性发展。需要强调的是，图文包装只是为短视频起到点缀的作用，真正吸引观众的还是短视频的内容，好内容才是留住观众的关键。

选题创意联合化

对于短视频创作者来讲，选题是核心。所谓选题，就是要做一个什么样的题材。在内容运营阶段，视频团队的发展和生存主要依赖于能不断地推送出更多优质内容的片子。从一定的角度上看，有创意的选题实际上是一个视频团队发展思路和盈利模式的创新，同时也是一个视频团队提高竞争力的关键环节。各个短视频栏目，只有不断创新推出新颖、有特色的内容，才能从同质化严重的行业市场中脱颖而出，并向着更好的方向发展。

对于很多内容创作者来说，以内容为王的关键就是要有个性化的形象，这也是短视频创作最困难的一部分。在短视频领域中，领先栏目早就已经掌握大部分的流量和用户，而后期的团队就只能望洋兴叹了。在竞争越来越激烈的情况下，多个栏目团队同时追求一个热点事件，使得很多选题已经不再新颖。

那么在短视频的选题上，我们具体应该怎么做，才能在选题上更具有创意呢？

1. 选题场景化

场景指的是在某一具体的情境中，大部分人都会有相同的行为反应。无论是运营具体产品，还是做内容运营，本质上都是为了满足或解决用户的需求。而用户的需求都是在现实生活场景中存在的，它们天然都是用户的痛点。

因此，场景化的选题能够直击用户痛点，挖掘出用户最真实的需求。这样一来，我们创作的短视频内容就更容易引起观众的共鸣，受到观众喜爱。

短视频做好选题场景化，就需要将用户观看短视频时的场景依次罗列出来，根据不同场景挖掘出用户相对应的需求，最后根据这些需求进行视频内容的策划。这样就能让短视频内容和用户之间关联起来，从而更好地满足需求。

我们可以简单地将选题场景化分为以下 3 种类型：

（1）观众感兴趣的场景

为短视频做选题，可以选择大部分观众都感兴趣的场景，这些场景虽然不是观众们的亲身体验，但是同样对用户有很强的吸引力。就以东北猫发过的一个短视频为例，这期的短视频内容就很受观众的喜爱。

大部分家庭里都会有猫、狗等各种萌宠，他们总是会为主人带来欢笑与温馨。当大家一看到“猫咪抱着一塌钱死活不撒手，太可爱了”这个标题，都会不由自主地点开这个段视频看一看，看看和自己家的宠物有没有相似之处，或者就是觉得很好玩。而选题的明确，也可以让观看者在看到题目时，就会在脑海里脑补画面，这就是选题场景化的表现。

像这样的短视频发布者，有着合适的短视频题材，就很能引起观众的注意。这种有着明确主题的短视频题材，会让用户有代入感，能够引起观众极大的兴趣。

（2）重现用户体验过的场景

上一点说到的场景，是指用户没有体验过的，而这一点，我们就要求短视频创作者在做选题时，选择一些用户经常会遇到的、经常体验的真实场景。

结账抹零是我们生活中经常遇到的场景，除了吃饭，很多消费场景都会遇到抹零的情况，这样的短视频选题就是用户最真实的场景再现。

短视频以用户经常体验的场景作为选题，能吸引大量的观众打开。同样的场景是很多用户都有过的体验，但是每个人的行为反应和解决方式都是不同的，当用户面对这些高频场景时，通常都有点开看看他人会有什么样反应的冲动。因此，这种类型的场景化选题，也很受观众喜爱。

（3）引起共鸣的隐晦场景

这类场景在观众生活中出现的概率并不高，但对观众有很强的吸引力，能快速引起短视频和观众之间的情感共鸣。这样的选题就属于低频场景，简而言之，这类场景很容易击中用户的痛点。

例如，“对于前任留下的‘遗物’我们该怎么处理”“女生被分手，都会伤心吗？”等，这类选题并不是经常出现的场景，但是很容易触动观众的内容，可以轻而易举地引起共鸣。

总之，场景化的选题一定要根据不同的场景罗列出用户的需求。唯有如此，才能针对不同的场景去收集和寻找内容素材，才能保证短视频内容质量的准确性。

2. 个性选题

突出个性也是短视频选题的创意表现，观看同一个短视频的用户，他们的需求、特点、喜好都存在着较大的差异性。对于短视频而言，当我们满足的用户越多时，我们就会获得更多的好处，这些好处主要体现在短视频栏目的粉丝数量和知名度等方面。而要满足如此大数量用户的需求，就要先将用户进行细分，从而根据不同类型的用户提供个性化的内容。

3. 多角度思考

面对同一个话题、同一个事件，大家都从同一个角度去进行短视频内容创作，就很难引发观众的兴趣。而要做创意选题，就需要对同一个话题或同一个热点有独特角度，选择区别于大多数人的角度进行创作。

对于很多已经被选择过的短视频选题，如果我们没有足够把握从一个新视角出发进行创造，就不要再考虑继续创作，只有新鲜的事物才能刺激观众打开的欲望。因此，针对同一个事物，在做选题时可以发挥团队中每个人的思维进行思考，不同的人看待同一件事情的角度往往不同。

头脑风暴，能帮助我们从多角度思考，找到创意的短视频选题。

4. 与用户互动

短视频要做好创意选题，往往不能忽视的就是和观众之间的互动，能够引起观众积极互动的选题，流量自然也不会太低。就以美食类的短视频为例，当我们教用户做一道复杂的菜后，用户只会夸赞这道菜很美观很有食欲，却不会跟着一起做。因为这道美食的制作过程太复杂，需要的材料也很多，这就不容易引起与用户的互动。相反，使用普通的原材料，几分钟就能做出的精美菜肴，却更容易让用户尝试，亲自动手制作。

因此，短视频选题一定不要忽略和用户之间的互动性，互动高的视频选题才是观众喜爱的。不要妄想一个选题的点击量在一夜之间就能大增，高点击量的短视频背后，往往是内容创作者的精挑细选。找到更精准的、更有创意的短视频选题，才是创造优质内容的首要工作。

用户分析算法化

随着经济的飞速发展和科学技术的进步，我们逐渐进入大数据时代。身处这个时代，短视频新媒体运营者不能只把大数据当成茶余饭后的谈资，也不能只把它当作对未来的企划，大数据应该是当下必须把握住的战略级技术。无论是从新媒体经营的角度出发，还是从用户的视角看大数据时代，新媒体运营者都应该靠大数据来提高新媒体运营的效率。

总而言之，大数据时代的到来，让短视频充满了无限可能。

短视频新媒体是诞生于互联网的新兴产物，从它的社交特征中可以提取出大数据应用必须具备的两个特点，那就是增加用户和社群黏性。

人是社交动物，而且社交属性极强，从出生到死亡都会处在某种社群之中。比如在一个小区之中，大人多是待在家中休闲娱乐或做家务，小孩则多会跑到小区空旷地带一起玩耍，他们便形成了两个截然不同的社群。

随着互联网的兴起，社群的建立跨越了时空的障碍，其构成也变得越来越复杂，而对于短视频营销的目标用户来说，他们也是一个社群。

可是，短视频营销中如何才能科学地认识自己的用户社群，并且提高短视频新媒体和用户社群之间的黏性呢？这可并不是一件容易的事。

首先，新媒体运营者不能对短视频用户做到实时跟踪。从静态来看，短视频用户社群的人数庞大，不同社群的不同用户对短视频的观看习惯和喜好类型都各不相同。哪怕是彼此兴趣相似度极高的用户之间，在实际接触同样的短视频内容时，也会在具体行为上表现出些许不同。

其次，同样的社群里，用户对短视频的欣赏习惯和偏好也在时刻发生着变化，这是站在动态的视角上最值得注意的内容。可要想捕捉到这些变化，依靠传统的技术手段根本无法做到。

那么只有大数据，才能在面对内在复杂又时刻处在变化之中的用户社群时，对这自组织化以及去中心化的环境进行全方位的分析，从而在统计出的数据中，找到增强用户黏性的最佳方案。

在日常的运营中，短视频营销人员若是能对大数据进行科学且充分的运用，不但能在后台有理有据地分析每一个用户，而且还能在前端有效地投放各种信息。具体来说，可以从两个方面入手（如图 3-1）。

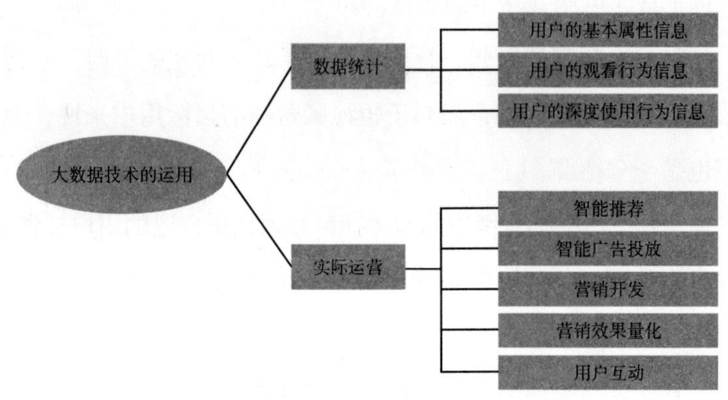

图 3-1　大数据技术的运用

1. 数据统计

大数据技术在各行各业的应用中，最为基础的功能就是数据统计，那在短视频领域也不会例外。短视频行业对大数据的应用，主要是围绕用户的运营而展开的。

（1）用户的基本属性信息

大数据技术通常用来获取用户的年龄、性别和其所处的地域，还有用户观看短视频所用的终端设备，以及所处的网络环境类型（WIFI 或 4G 网络，未来还有 5G 网络）等信息。对短视频新媒体运营来说，越早获得用户的基本信息就越好，从而就能更早地对用户进行分类，这为后期进行更细致以及更具体的用户分类提供了最基本的素材。

（2）用户的观看行为信息

获取了用户的基本信息之后，短视频营销人员就需要对用户在实际观看过程中的行为进行量化统计。

比如：用户打开短视频应用登录账号、退出短视频应用的具体时间段，用户活跃度，等等。而且用户活跃度的信息中还要包含所关联的用户具体活跃天数以及每天活跃的时间等。那为什么要对用户观看和活跃时间进行如此细化的统计呢？主要是为了方便短视频新媒体能够更为高效地安排短视频的播放顺序以及新视频的发布时间。

此外，大数据技术还能获取用户观看的内容，其中包括用户在一段时间内观看的所有类型的短视频，还包括每个类型的短视频在该用户观看总量中的比例。而能够准确地统计用户所观看的短视频内容，就可以直接让短视频新媒体了解用户的喜好。这不但有利于短视频营销人员更有针对性地推送短视频，还可以科学地引导短视频的创作。

（3）用户的深度使用行为信息

短视频营销人员除了要对核心用户的基本信息以及日常观看行为信息进行大数据统计之外，还应该对核心用户的深度使用行为信息进行专门的统计。深度使用行为信息除了用户搜索短视频的行为，还包括在观看短视频时的点赞、评论、转发等行为。而且，用户在新媒体平台通过观看短视频进行的直接消费行为更需要进行细致的统计。

核心用户的深度使用行为，不单单关系到维护工作，还关系到短视频新媒体的整体经营效益和流量变现。所以，营销人员在对深度使用行为信息进行大数据统计时，必须做到翔实和准确。

有一点需要注意的是，虽然利用大数据技术主要是对用户信息进行统计，但是并不意味着短视频营销把关注点完全放在用户上就可以了。实际上，一家短视频新媒体的经营状况不仅仅取决于用户的情况，还有可能受到整个行业的影响。所以，短视频新媒体在有余力的情况下，除了进一步提高自己的运营效率，还应该对自己的合作伙伴甚至是行业竞争对手进行实时的大数据分析与统计。

2. 实际运营

在完成了数据统计的工作之后，短视频营销人员接下来就要将统计数据结果运用到短视频新媒体的日常运营中来。因为数据本身并不能自动转化成效益，营销人员通过多种途径才能将结论转化为具体的行动。

（1）智能推荐

收集到了用户的基本属性信息和观看行为信息，对其进行梳理和分析之后，营销人员就可以筛选出最受用户喜爱的短视频类型，从而把这类短视频单独拿出来，放入新媒体界面的推荐栏之中，这样就实现了智能化的短视频内容推荐。

（2）智能广告投放

新媒体营销人员借助大数据技术掌握了用户的全部信息之后，就可以有效地针对用户的喜好与需要合理地投放广告，其中包括了投放的时间、投放的形式以及广告的内容等。

（3）营销开发

短视频新媒体营销人员可以凭借对用户深度使用行为信息的分析，更加科学、高效地策划营销活动。营销人员借助大数据技术的统计，可以让营销活动的主题、形式、时间和用户的习惯、喜好一一对应，通过这样策划出来的营销活动，在全面满足用户需求的同时，还能减少不必要的成本。

（4）营销效果量化

一般营销活动结束后，都需要评估营销效果，短视频营销在这方面依然可以运用大数据技术。量化后的统计数据不但可以直观地反映营销活动所获得的效果，方便营销人员进行比较。而且，量化后的数据还能变成实用的经验，为往后的营销活动提供非常有价值的参考。

（5）用户互动

不论是微博、贴吧，还是微信公众号，现在的短视频新媒体如果想持续地吸粉，就必须和用户进行互动。营销人员在与用户互动的过程中，如果使用事先通过大数据技术总结出来的有效方法和用户进行沟通交流，不仅能够迅速地获得用户的认可，而且还能更加直接地把握用户的需求。

无论是在理论层面，还是在实践层面。大数据技术在短视频行业取得的巨大推动作用，都是有目共睹的。相关的短视频营销人员只要通过对大数据信息进行整理和分析，就能够高效地实现信息流和经营之间的联通。

而只要能够有意识地对潜在的数据资产进行发掘，其自身就可以转化为显性的收益。因此，在大数据时代，众多的短视频新营销人员应该充分意识到大数据技术对自身的价值并在实践中充分利用。

内容驱动数据化

拍摄短视频，需要我们通过相机记录每一个画面。数据化运营同样是这个道理，记录下短视频发布后的各项数据指标，不但能够帮助我们看到观众的行为反馈，而且对日后短视频内容创作和运营都有着重要的作用。

由于播放时间短的特点，短视频需要在内容创作时着重考虑如何在短时间内快速抓住观众的视线，这在很大程度上促进了短视频创新力的提高。这种视频模式的转变，使我们更加注重内容创新。而对于很多短视频团队来说，找到最合适的内容方向和方式是面临的一大苦恼。一些比较火的内容方向，很多顶级大号已经做到极致并未留下太多余地。而做一些小众的内容方向，并不能在短时间内帮助我们快速积累流量。

我们将视频发布到线上，无非就是想要提高栏目的曝光度、视频点击量、视频播放量等，从而收获一定的利益。变现是我们的最终目的，但是无论选择什么样的变现方式，只有在初期通过内容积累一定的流量，才能实现后期的转化。

对于很多短视频团队来说，前期做内容，后期做电商，因此从一开始就需要切入用户细分群体中，而这就很考验团队的数据挖掘能力。那么，我们需要如何通过数据来调整短视频内容运营这一环节呢？下面我们就一起来具体分析一下。

1. 互动数据

通过分析短视频投放后的数据，为我们优化视频内容提供帮助。因此，一定要定时将后台数据导出并进行仔细分析整理。例如，可以将时间限制在一个月或一星期内，将该范围内我们投放过的短视频数据进行导出。看看哪些短视频的点击量高、哪些评论数量高、哪些收藏次数多等。通过对这些数据整理之后，再进行先后排序。对排名处于前几位的短视频进行分析，总结它们都具有什么特点。

播放量和评论量是观众和短视频之间互动的数据表现，除此之外视频的转发量、收藏量也都是观众互动的表现。通过对这些基本数据的分析，就可以很直观地看出观众喜爱什么类型的短片，这就为我们今后在短视频内容方向上做出选择。通过对互动数据的研究，我们总结出好视频有以下特点：

（1）评论数量高

评论数量高的短视频，就表明该视频的内容能激发观众强烈的表达欲望，说明观众被视频内容中的槽点所触发，从而引发讨论。那么下次在创作短视频的时候，就可以再加入一些能够引起讨论的点。

（2）转发量高

高转发量的短视频，说明了该视频内容有较强的传播性。

观众想推荐给其他人或者转发视频，以此表达自己的个人观点和态度。那么，我们就能大致掌握观众们的心理或性格特点，对日后选择内容创作话题有很大的帮助，不断创作出符合观众口味的短视频。

（3）收藏量高

观众发生收藏视频的行为，就极大说明了视频内容对他们有意义、有用，收藏之后还会发生再次观看的行为。分析收藏量的同时可以结合转发量数据进行思考，收藏量高而转发量低，就可能说明视频内容传播具有一定的局限性，可能涉及用户的隐私。

这些基本数据的分析，对短视频内容策划是很有帮助的。多次的数据比对，可以帮助我们实现对短视频内容的不断优化，让其越来越趋近于观众的喜好。只要被观众青睐，那么，观众自然也会因为喜爱视频内容做出相应的反馈行为，这样一来就不用担心流量问题了。

但是需要注意的是，当我们多平台同时进行视频投放时，要尽量选择推荐平台的数据进行统计分析。因为在推荐平台上发布短视频，平台推荐量是不受平台工作人员的个人意向影响的，而是完全依靠观众行为进行判断。所以，要选择像今日头条这类推荐平台的数据，才更加真实有意义。

2. 播放完整率

除了第一点提到的基本数据以外，还应该注意短视频的播放完整率这一数据。视频的播放量、评论量、转发量等数据更加倾向于用户对视频内容的喜爱程度的表现，而播放完整率则是最能直观反映视频效果的重要指标。

对于短视频内容创作者来说，通过对该数据的研究找到播放过程中，用户最集中的跳出点进行分析。为了提高观众播放视频的完整性，结合跳出点的时间，将短视频的内容加以整合，在观众选择跳出视频播放之前，用内容吸引住他们的目光。

视频开头要避免冗长复杂的叙述介绍，要让视频内容更快地切入正题，让观众有看完短视频的欲望。而对于视频后续结尾的介绍，也应该尽可能地压缩时间，考虑将这部分融入视频内容中去体现。

一个短视频的播放完整率高，那么就说明该视频的内容很吸引观众，观众希望看到视频的全部内容。而要提高观众对内容的喜爱，不但要求内容选题有特色，同时也要正确把握好视频播放时间，将最精华的内容浓缩到最短的时间内，这才是对短视频内容最好的把控。

3. 退出率

短视频的退出率高低和内容也有很大的关系。一般来说视频退出率高有两种原因：一种原因是，视频的内容对用户来说没有吸引力，观众没有往下看的欲望自然就选择退出；另一种原因是，短视频标题很新颖很吸引人，但是视频的内容和标题却不相符，观众心理落差大当然就退出了。

很多团队为了追求高数据量，就会夸大标题，反而得不到实质性的效果。因此，在内容方向的选择上，一定要根据团队的定位选择用户喜爱的话题内容。可以多结合一些事实热点话题，让短视频的内容更加的新颖、丰富、有趣。这样才能更加吸引观众，降低视频的退出率。

另外，在保证短视频内容质量的同时，也不要忽略标题的影响，要根据内容取标题，才不会出现题文不符的情况。退出率是检查视频内容是否受欢迎的重要指标。

几个简单的小数据就能让内容驱动更数据化，数据有依有据，才能帮助我们不断优化短视频内容，为内容的方向和选择提供帮助。不仅仅是今日头条，越来越多的视频平台都开始为短视频团队提供更加详细精准的视频播放情况数据。

除了关注上面的几个数据之外，后台提供的每一个数据都可以进行分析，挖掘数据、分析数据是短视频运营的日常工作。只要完整地分析数据，从中发现问题，都有利于我们对视频内容的优化分析。只有对这些数据进行详细的分析，我们才能挖掘出用户真正喜爱的内容，并将这些内容准确地推荐给用户，以此不断地吸引用户，增加用户黏性，反过来，这对视频内容的生产也会起到引导作用。

04 策划先行：好策划才有好作品

无论是新媒体运营还是商业运作，策划都有至关重要的作用。对于短视频而言，策划是为了更深层次地诠释内容，将作品的中心思想表达得清清楚楚，实现资源的优化配置。不同的策划水平直接关系到后期的各种活动，因此只有好策划才能有好作品。

按照大纲安排素材

对于每个运营者来说，拥有自己的素材库是很有必要的，但是仅有素材不行，还需要会选择素材，安排好每次短视频拍摄需要的素材。而素材的安排就要根据短视频内容来进行选取。在策划拍摄短视频时，我们会对主题内容进行一个大概的规划。

大纲属于短视频策划过程中的工作文案，因此写作大纲一定要注意把握两点要素：一点是要在大纲中呈现出短视频的几点要素，包括：主题、情节、人物、结构等，另一点是要能一目了然地看到短视频所要传达的信息。

一个合格的大纲必须要包括以上几个方面，才能在接下来的策划工作中为短视频安排相应的素材，从而丰富短视频内容。短视频最重要的就是素材，如果视频素材选择合理，视频标题不是太烂，那么短视频播放量也就不会太差。

相反，如果素材安排不恰当，即使标题再好，播放量也不会高到哪里去，因此就要按照大纲的几点基本要素安排素材。

1．主题

大纲中必须包含的一个基本要素就是主题，主题就是短视频所要表达的中心思想，可以简化成一句话——你想要向观众传递什么信息。主题是最容易被忽略的，但却是决定短视频质量的关键。

每个短视频，都是在表达某种中心思想，而素材就是中心思想的支柱。有了支撑点、依靠，才能撑起主题，才能使短视频更有说服力。因此，在安排素材时一定要紧扣视频主题。我们经常会说“量体裁衣”，套用在这里就再合适不过了。

即刻视频在制作“真味法国系列”短视频时，为了突出以法国为主题，就与法国团队合作拍摄，让画面更地道。整体短视频拍摄背景都是法国的都市街景，在背景音乐素材的选择上也以法国情调的音乐为主。视频以法式风格为主，包括视频中出现的文字素材也都是用法语的形式体现出来。

除了“真味法国系列”，即刻视频每拍摄一个系列的视频，都会结合相关主题，选择相关的拍摄素材，连画面背景音乐都紧紧围绕主题。

如果说大纲的中心思想是“体”，那么要选择的素材一定是要和主题有着密切的关系且合适的。素材的选择不在于多少，而在于是否能真正地表达短视频内容的主要思想，使主题更加鲜明。

主题是短视频的中心思想也是创作者的拍摄意图，即使是相同的物、相同的事件、相同的景色，由于创作者的拍摄意图不相同，那么素材的安排选择也就大相径庭。因此，在为短视频安排素材时，一定要符合主题表达的内容，明确短视频的风格，要毫不犹豫地剔除与主题没有直接关系的素材。

2. 故事情节

大纲中的故事情节包含了两部分，一部分是故事，和我们写文章经常会提到的六要素一样，包括：时间、地点、人物、起因、经过、结果。另一部分就是情节，是指短视频中人物所经历的波折。

故事情节是短视频拍摄的主要部分，而素材的收集也是为这一部分而准备的，拍摄需要什么样的道具，视频中人物需要什么样的造型，什么样的背景，什么样的风格，什么样的音乐，都是通过故事情节而定的。

通过设定主题，可以有初步的拍摄思路，筛选出适合的素材，而对故事情节的了解，就能更加精确地挑选出合适的素材，并且能在现有素材的基础上进行创新。

只有在弄清楚故事情节的发展之后，才能运用各种各样的素材内容来丰富视频。除了在拍摄时要根据故事情节选择素材，在后期剪辑时，剪辑师也需要弄清楚故事的整体脉络，才能知道哪些素材剪辑到一起更合适。

3. 短视频题材

短视频大纲内容还包括对视频题材的阐述，不同题材的作品有不同的创作方法和表现。短视频的产生时间虽说不长，但是早就山头林立了，各种题材应有尽有。而我们常见的就有：幽默类、生活技巧类、数码类、美食类等。

不同类型题材所对应的素材各不相同，这里以科技数码类的短视频为例。数码类产品本身具有复杂性，且更新速度较快，虽然能够给我们带来源源不断的各种素材，能够保持观众的持续关注，但是在这类视频拍摄时，一定要注意对素材的时效性进行严格的把控。这就需要获得第一手的素材，快速进行处理、制作然后进行传播。

针对科技数码类的短视频，早一秒播出带来的价值是极高的。因此，在安排素材时一定要紧贴视频题材，根据题材的特点来搜集素材。

在短视频策划初期，大纲所传递出来的信息是至关重要的，大纲的内容大致为拍摄建立了一个框架结构，无论是后期拍摄还是安排素材，都和大纲有着千丝万缕的联系。按照大纲的方向一步一步进行才能保证短视频拍摄的质量。

在脚本与剧本中取舍

脚本和剧本是短视频策划中存在的两种截然不同的表现方法，虽然表现出的内容存在差异，但是很显然它们都是为了服务于视频剧情而存在的。脚本侧重于表现故事脉络的整体方向，相当于主线。

与脚本不同的是，剧本呈现出的内容更加详细，除了包括视频内容的整体脉络，还加入了各种细节因素，甚至包括短视频内容发生的时间、地点、人物动作、对话等细节。

在策划短视频时，对于脚本还是剧本的选择也是非常重要的，要根据实际情况来做考虑。短视频最大的特点就在于短，将主题浓缩在小部分时间里，既保证主题明亮又保证内容精简。因此在短视频策划时，大多创作者都会选择脚本进行最初的规划。

脚本可分为文学脚本、分镜头脚本和拍摄提纲 3 种类型，每种类型所使用的短视频类型也各有不同。

1. 拍摄提纲

拍摄提纲相当于为短视频搭建出一个基本框架，在短视频拍摄之前，将需要拍摄的内容进行罗列整理出来，类似于提炼出文章的主旨。选择拍摄提纲这类的脚本，大多是因为拍摄内容存在着不确定因素。

摄影师提前做好大致方向，在拍摄的过程中可以根据实际做灵活处理，因此这种类型的脚本更适用于纪录片或故事片的拍摄。

拍摄提纲对脚本内容没有刻意的限制，摄影师允许在现场自由发挥。但是，对短视频后期的修改指导却是有限的。因此在选择脚本类型时，要考虑到我们拍摄短视频的方向和内容，是否存在诸多的不定因素。

只要不存在这方面因素，就最好不要选择该类型。否则，会给后期制作、修改的时候带来不必要的麻烦。

2. 分镜头脚本

在脚本的三大类型中，分镜头脚本是最细致的。每个分镜头脚本的写作会将视频中的每一个画面都体现出来，包括对镜头的要求也会一一写出来。分镜头脚本创作起来是最耗费时间和精力的，也是最复杂的。

而快餐时代，人们越来越重视时间消耗和效率，短视频正好具有满足人们这种心理的潜质，内容精简、信息量大、主旨鲜明、生动形象。因此对于一般的短视频而言，拍摄内容不会很复杂，因此选择分镜头脚本进行策划比较少。

分镜头脚本对视频的画面要求很高，更适合一些类似于微电影的短视频所使用，这种类型的短视频由于故事性强，对视频更新周期没有严格限制，创作者有大量的时间和精力去策划，因此完全可以使用分镜头脚本，既能保证严格的拍摄要求，又能提高拍摄画面的质量。

3. 文学脚本

文学脚本是在拍摄提纲的基础上增添些细节内容，更加丰富完善脚本。文学脚本和上面两种脚本类型相比，更加灵活，它会将拍摄中的可控制因素罗列出来，而将不可控因素放置现场拍摄中随机应变。因此在时间和效率上都大大提高，很适合一些不存在剧情，直接是画面和表演的短视频。

例如罐头视频就是运用这种脚本方式，罐头视频属于生活类的短视频，每期视频会向观众展示一种生活小技巧。视频内容直接就是画面和手动操作的过程，不存在剧情表演。因此在拍摄时重点更加倾向于对镜头的控制和要求，这也是文学脚本的一大特点。

3 种脚本分类分别适用于不同类型的短视频，但并没有具体地划分哪些短视频适合哪种类型的脚本。短视频策划时脚本追求的是内容尽可能丰富完整，化繁为简。因此很多人在策划短视频时并非严格按照每个类型的脚本要求进行写作。而是选择介于脚本和剧本之间的一种新的改良方式，我们都知道脚本更倾向对画面的设计，剧本更加偏重于情节的把握。短视频形式多样，单纯的脚本形式或剧本满足不了创作，因此需要二者相互结合。

《陈翔六点半》以幽默情节短剧为定位，一度在互联网短视频中崛起，数次跃居头条短视频营销力排行榜的榜首。他们的成功离不开团队策划、合作。

就拿六点半团队来说，他们策划中使用的脚本形式就是介于脚本和剧本之间的一种新形式，陈翔六点半的每个短视频都包含了场景表演，涉及了人物对话、动作、旁白等，因此常规的脚本形式不能满足需求。

除此之外，在后期的修改制作时，还会将剧中人物的声音进行特殊处理，这也是脚本中所涉及的内容。类似于陈翔六点半一类的短视频，由于包含情境表演的内容，因此在创作脚本时更加注重对人物的刻画。而对人物的设计就属于剧本的范畴了。

对于一些剧情表演和技能表现结合的短视频，选择这种介于脚本和剧本中间的改良方式，不但能满足对画面的设计，而且加上对话还能体现视频的故事情节。

在脚本和剧本中取舍，不应该过于刻板，要结合短视频的特点，对脚本做出一些创新和改良。不要局限于脚本的条条框框，将视频创意的拍摄细节、思路、人物对话、场景等内容丰富到视频脚本中，将一切需要的内容留下，那些不可控的，没有用处的内容全部去除掉。这样一来不但节省时间和精力，而且还能让短视频获得最好的效果。

总而言之，对于短视频脚本，在保证精简的同时还要力求内容的丰富流畅。根据每次拍摄视频的特性，选择适合的脚本类型。

镜头流动：引导观众营造影响

镜头的移动牵扯到视频中空间、时间的变化，而观众在观看视频时所感受到的时间变化与节奏变化，都是因为镜头流动而产生的。短视频是以镜头为最基本的语言单位，而流动性就是镜头主要的特性之一。

镜头的流动性除了表现在拍摄物体的运动之外，还表现在摄像机镜头的运动。每个事件都有其事态发展的过程，而在短视频中就是通过镜头流动，将一切事件的发展过程如实、流畅地表现在屏幕上，让短视频的视觉表现力增强。通过镜头流动可以使画面更加充满魅力，给观众营造出独特的意境。

1. 镜头角度

镜头角度的选择，也是镜头流动性中包含的一方面。镜头的角度对短视频画面呈现的效果尤其重要，角度可以是正面、侧面和背面。不同角度的拍摄，镜头带来的作用也会有所不同。而短视频运营者选择的拍摄角度通常也代表着对视频内容的看法。

（1）鸟瞰式

鸟瞰角度就是直接从被拍摄物的正上方拍摄，属于高角度的镜头拍摄。鸟瞰式的镜头角度会营造出震撼宏伟的感觉，给观众一种全知的感觉。

二更视频出品的名为“一个人的美食：重味道的暗黑料理”的短视频纪录片，主要介绍如何将3种奇臭的食材结合形成一道新料理。片头部分就运用了鸟瞰式镜头。

视频开头主人公自述为了寻找美食不会在乎花费的时间和精力，跋山涉水也要找到。此时画面就选择鸟瞰式镜头，周围的自然环境占据画面大部分，而主人公的身影就显得极其渺小，会让观众觉得目的地很偏僻，路途很遥远，让观众有一种置身于其中的感觉。

这种角度的拍摄方式，会使周边的环境占据镜头的大量面积，而使视频中的关键人物显得极其渺小。这让观众觉得视频中的人物要被环境吞噬，从而才能表现出视频中人物的无力、无助、陷入困境等情况，营造一种紧张的气氛，引导观众身临其境。

用这种类型的角度拍摄，是为了突出环境而减少角色的重要性，从侧面刻画角色的卑微、害怕。

（2）仰角式

和鸟瞰式角度相反，仰角镜头会增加短视频中被拍摄物的高度，也更加容易突出主角的重要性。在很多短视频中，仰角拍摄多用于对人物形象的刻画，仰视的角度通常会让观众产生恐惧、尊敬、高大、庄严、带有威胁性的感觉。

同样还是运用二更的例子——《这女人真会演》，短视频的主人公是被我国香港地区的媒体称为“舞台剧女王”的焦媛。视频为了称颂她为了舞台剧执着奉献的事迹，多次运用了仰角式镜头，从视觉上突出了人物形象的高大威严，让观众对她产生由衷的敬佩之情。

仰视角度都带有垂直感，让被拍摄物从观众面前开始推进，使观众站在主角的视角，引导观众在心理上产生同样的感觉。这类型的镜头角度是很常见的，而这个角度的拍摄大多都是为了强调英雄主义。

（3）水平式

水平式的拍摄角度是很多短视频都在运用的，这种镜头角度拍摄后的视觉效果和观众平时生活中观察事物相似，观众看到的人或物不容易变形。选择水平镜头角度，大多会让观众感到公平、公正、冷静、客观。

短视频会选择这类角度，而不选择带有主观意识的镜头，大多是为了向观众传递自己的价值观，不对视频中的事物展开价值判断，和剧中主体保持平等对待的状态。

运营者不通过镜头角度传递自己的价值观，只是为了引导观众自己做出判断。水平式的角度更加有利于客观、全面地表现出视频中人物的真实面目。

（4）倾斜式

倾斜镜头是比较特别的一种拍摄角度，这样的拍摄会让视频中的人看起来快要摔倒了。这种角度的镜头拍摄是最不常用的，因为倾斜式镜头角度拍出来的画面，会给观众心理上带来压迫、焦虑的感觉。倾斜式的角度比较适用于一些暴力的情境，会成功地引起关注，带给观众焦躁不安的感觉。

除了以上 4 种基本的镜头角度外，还有很多处于以上两种角度中间的。镜头角度的略微变化，可能要表达渲染的情绪就会变化，虽然是同样的人或事，但给观众带来的感觉和要向观众传递的信息就会有所不同。

2. 镜头流动速度

对于很多拍摄短视频的摄影机而言，本身就可以制造出一些特定的效果。镜头流动速度可以让短视频更加有节奏感。假设镜头快速地从一个事件移开，观众在不知道剧情的情况下就产生极大的好奇心，想知道到底发生了什么事。

而很多短视频拍摄中，为了增加视频的悬疑效果，给观众展示一些没有预期的东西，摄像师就会放慢镜头流动的速度，刻意延缓从而满足观众的期待。为了给观众呈现出不同的视觉效果和气氛营造，都可以通过镜头流动速度来控制。

在叙事性的短视频中，镜头的流动速度都是根据情节的需要进行调整的。镜头流动快速向前可以更突出某一关键人物，而镜头缓慢后行，将整个场景中的人或是物置于同一个画面，有利于突出某些关键重要的信息。

总而言之，镜头流动速度会使短视频更具有表现力，如犹豫悬疑式镜头、宏伟壮观式镜头等。镜头流动速度能明显控制观众对视频的感受，能轻易地将观众引导到视频中的特定情境中，给用户带来不同的观看感受。

3. 镜头切换

短视频拍摄时，我们需要将所有的拍摄素材进行串接形成完整的片子，这就会出现我们经常看到的画面切换的效果。过多的镜头切换会打扰到沉迷于视频中的观众，不但会让观众对某一段时空的信息产生空白，而且会增加眩晕感。

镜头相当于一门语言，视频中的人物特点、表情变化、情绪波动等，都可以通过镜头表现出来。因此，在切换画面的选择上，尽量选择视频中的转折部分作为前后的衔接点，从而保持视频内容的流畅性。

镜头切换一定要考虑到前后的逻辑性，合理过渡才能引导观众按照拍摄的思路去观看视频。

4. 镜头焦距

焦距在短视频中起到润物细无声的作用，每一个画面的焦距使用都是为了视频能更好地呈现出来。焦距正常的镜头如同人的眼睛一般，是最常用到的镜头。而除了标准镜头，很多短视频拍摄也会运用到其他类型的镜头。

长焦镜头会压缩事物之间的距离，适合引导观众进入到一种紧张的情节中，使画面更加逼真。和长焦镜头对应的还有短焦镜头，短焦镜头的视觉效果和长焦相反，镜头离画面主体很近，比较适合运用在情感表达的画面上，这样才能让观众感同身受。

而介于以上两种镜头中间的还有中焦镜头，这种镜头的使用不但可以让观众的视觉更放松、舒适，而且使用起来更灵活些，可以根据环境的不同自由选择。

焦距是短视频拍摄过程中最重要的元素，选择不同焦距的镜头，在很大程度上会影响整个短视频画面的构成和达到的视觉效果。

镜头流动带给观众的是不同视觉效果的画面。要想策划好并拍好短视频，镜头流动是必须要考虑到的一个问题。我们要清楚地知道如何运用不同的镜头焦距、角度、流动速度、切换，去打造出一个有意义并符合预期的短视频。

镜头就像一种语言艺术，要尽可能地通过镜头的表现力去替换旁白字幕的使用。

背景音乐：与画面呼应，强化音乐感

为短视频配乐是一件令人头疼的事情，因为不存在固定的公式模式，所以大多时候只能凭借主观意识去选择音乐。不同人偏好的音乐风格大有不同，因此短视频成片后的效果也是完全不同，说到底给短视频配乐就是一件仁者见仁，智者见智的事情。

合适的背景音乐，不但能增强短视频画面传递的感情，还能让视频更有代入感，调动观众的情绪，满足用户视觉与听觉上的享受。

当然要选择和视频成片匹配的背景音乐，还需要短视频运营者掌握足够丰富的音乐素材，然后才能挑选出符合成片风格的音乐。虽然挑选背景音乐有很大一部分是根据个人主观情绪来选择，但是其中存在的门路技巧还是有迹可循的。

1. 音乐节奏感

短视频的播放节奏和内容上的情绪大多都是通过背景音乐带动起来的，不同于普通的叙事类视频，短视频的画面更有冲击力。

而这种冲击力的表现，主要是通过背景音乐和短视频画面节奏的相互匹配。一段音乐都有不同层次的转换，而这个时候也正是短视频层次转换的时候。在后期对短视频精剪时，画面的切换要跟着音乐的节拍去剪，这样才能让画面更带感。

既保证背景音乐与短视频内容相互呼应，又能强化音乐感，让画面和背景音乐毫无违和感。精彩的短视频都是张弛有度的，因此，对背景音乐整体节奏的把握也应该是有高有低、有缓有急的。快节奏的背景音乐配合着短视频画面，切换得快一些，才能让画面看起来是随着音乐进行舞动。

2. 音乐类型的选择

上一点中我们提到了音乐的节奏要和短视频的画面互相匹配，但是在音乐类型的选择上也不要一味地追求节奏和所谓的“感觉”，从而忽略了音乐对视频内容造成的隐性干扰。短视频中添加背景音乐，只是为了在视觉的基础上，让观众的听觉也动起来。通过两者的结合，让视频中的剧情更加震撼。

背景音乐起到的只是辅助配合的作用，在音乐类型的选择上要更倾向于突出短视频的主要内容。纯音乐是常常用来做背景音乐的，因为纯音乐和其他类型音乐相比自身带有的感情色彩较少，避免观众将注意力由视频内容转移到背景音乐上。

3. 内容表达一致

很多音乐的歌词内容和短视频之间并不存在关联，甚至音乐中所要表达的内容和视频的主旨思想相违背，这样的背景音乐反而会给短视频带来一定的负面影响。在选择背景音乐的时候，一定要清楚音乐所表达的内容。

而对于没有歌词的音乐，尽量选择风格和短视频贴近的作品。背景音乐的选择关系到主观情绪问题，短视频拍摄要考虑到情绪设置的对象，是视频中的人或者是一个画面，然后再根据特定对象的情绪来选择背景音乐。

4. 丰富的素材库

短视频运营者需要有丰富的音乐素材库，但是对于有实力的团队来说，请专业人士为短视频量身定做背景音乐是再好不过的选择。而对于很大一部分缺乏资金的团队来说，使用现有的音乐才是最佳的选择方案。

要想让背景音乐和短视频完美结合，需要有丰富的素材资源。总体而言，为短视频添加背景音乐是一个由难到易的过程，需要运营者多听、多积累，才能培养出一定的乐感。

05

拍摄制作：寻找质量与成本的平衡点

所谓“工欲善其事，必先利其器”，要想拍摄出优质的短视频，对于器材与拍摄绝对不能忽视。面对不同种类的器材，应该如何选择、如何应用，是考验制作团队的大问题。同时，每个短视频所表现的场景都是不同的，需要的场景不同，选择的光线设置和拍摄技巧也要有所差异。本章将对这一方面的内容作出详细的介绍。

拍摄器材的选择

拍摄短视频一定要正确选择摄影机，一般可以从资金预算、摄影机功能和短视频题材几方面综合考虑。

1. 选择拍摄器材时要考虑团队的预算

短视频团队在选择拍摄设备时，可以从拍摄器材的预算上考虑。

（1）预算为零

预算只有零元的话，就只能使用手机来进行短视频的拍摄了。如果一个短视频创作团队刚刚起步，没有多余的预算，可以采取这种方式来节省开支，把主要的资金都放在视频内容的创作上。创作团队处在初期阶段，还不需要购置太高档的摄像设备。

现在市面上的手机所具备的摄像功能基本上能够满足团队的创作需求，而且手机还可以下载许多不同的软件，也可以满足短视频团队对视频进行文字、图的特殊处理需求。因此，在团队资金不是非常充足的情况下，手机是完全可以替代其他拍摄设备的。

（2）预算为 3000 元左右

即便手机所拍摄的视频效果并不会很差，但和专业的摄像设备相比也还是有一定差距的。所以如果短视频团队发展到了一定的规模，但拍摄的场地还不是很大，对动态镜头的要求不高的话，可以考虑入手一台单反相机，比如佳能 800D 系列的单反，镜头是 18 到 55mm 焦距的，价格也比较实惠。并且单反相机操作起来也算方便，对使用者的水平要求并不高。

（3）预算为 7000 元以上

当短视频团队的资金非常充足，而且对短视频内容以及画面质量的要求非常精细，那么就可以入手一个品牌的一系列相机，想要相机配置高级点的可以选择 800D 系列，镜头焦距在 18~135mm 的单反相机。而这样做的目的就是，两台相机配合使用，而且同一品牌的系列相机，能够避免光线不同所导致的色彩上的差异，同时也可避免短视频团队花费大量时间去适应新的机型。

除了这些，当然也可以选择直接购买一台业务级别的摄像机。因为业务级别的摄像机通常都是集成度非常高、非常专业的拍摄设备，当然，相应的价格也会提高，一般都是万元起步。

2. 选择时要考量拍摄器材的功能

一部视频的画面清晰度、色彩以及流畅程度，往往是由拍摄器材所决定的，所以如果想拍摄一部能够快速吸引用户成为“粉丝”的短视频，第一就要先知道在拍摄短视频之前，这部视频的创作到底适合用怎样的拍摄器材来拍。由于社会科技水平逐步提高，视频拍摄器材的科技含量也越来越高，所以想要选择合适的设备，首先要考量的就是它的便捷度和操作方式，而且要知道，不同的人所追求的拍摄效果也都是不同的。

优质的画面通常都是由精良的拍摄器材呈现出来的，这非常有助于提高用户的体验。因此对于一个短视频团队来说，设备的选择可从以下方面着手。

目前大家所熟知的短视频拍摄器材有手机、摄像机、单反相机这三种类型的设备，那么如果想要短视频最终的播放效果符合心理预期，所使用拍摄器材的功能就显得尤为重要了。以下，可以了解到刚才提到的拍摄器材具体有哪些不同的拍摄效果。

（1）清晰度上有所区别

在创作短视频的时候，视频的清晰度是最关键的。现在人们观看的短视频的画面大多是彩色的，假如说拍摄的短视频画面清晰度很低，那么即便画面的配色再绚丽，即使内容做得再好，用户的观看体验也是很难得到提高的。好在，现在的智能手机如苹果、三星这些昂贵的高端机，摄像头已经异常强大了，乃至超过了一般的摄像机设备，比如索尼 PJ610 这款摄像机，虽然说是全高清，然而画面的清晰度也就只能达到 720P，不过 PJ820 在清晰度上就比 PJ620 好了许多。

（2）不同设备在变焦上有所区别

拍摄器材在功能选择上还有一个重要的因素，那就是变焦。变焦实际上可以分出许多种类来，比如说数码变焦、光学变焦、双摄变焦等。表面上说起来，在望远拍摄要放大远处的物体时，需要使用这几种变焦能力，可实际上能够在放大图像的基础上保持缓慢的清晰度就只有光学变焦能做到。

根据被拍摄物体的位置远近不同，需要使用的变焦倍数也是不一样的。一般情况下，越是远距离的拍摄越是需要更大的变焦倍数。然而市面上的很多智能机说是都具备变焦功能，可是碍于技术条件和手机自身体积限制，它们更多地采用了数码变焦方案。

但是数码变焦只是强行把取景的图像放大了而已，并没有改变镜头的焦距，这就是为什么有人在非常远的观众席上用手机拍大型演出或是体育赛事的时候，虽然采取了数码变焦，可拍出来的画面还是难以辨别出人像。

至于摄像机以及单反相机这些专业级别的拍摄器材，是能够更换镜头的，所以在变焦这项功能上它们有更多的选择。只要根据被拍摄物体的远近距离，选择不同的镜头以及变焦倍数，那么拍摄出来的作品就会有更高的清晰度，也会更加真实。

如上所述，只要可以满足短视频团队的日常拍摄需求，选择手机这种简单的拍摄器材就好。

而如果是要根据不同场景选用不同镜头和变焦倍数，就只有单反相机或者是摄影机这些专业级别的拍摄设备才能满足短视频的拍摄需求。

（3）不同设备在防抖上有所区别

在手持设备拍摄的过程中，人的手是会抖动的，那么为了减少甚至是防止视频在拍摄过程中由于抖动而造成影像模糊的情况，就需要防抖功能的介入。通常拍摄环境的光线较好时，防抖功能并能发挥显著作用，但是当拍摄环境的光线比较暗的情况下，画质的提升就需要依赖防抖功能了。

拍摄设备中常见的防抖方式有两种：电子防抖和光学防抖，防抖功能的加入虽然可以提高画面质量，然而并不是每一个设备都具备防抖功能。

而光学防抖又可以分为机身防抖和镜头防抖。机身防抖就是直接在设备上添加一个抖动的感应器，它能够感应到抖动的幅度，接着移动感光的组件，从而抵消抖动产生的影响。而镜头防抖就主要是在拍摄器材镜头内部安装一组能够活动的 PSD 镜片，这样每当在拍摄途中出现了抖动，设备就能够自动检测出抖动的方向，从而移动 PSD 镜头到抖动所在的方向上，弥补抖动所带来的影响。不过这样的设置是非常复杂的，而且成本非常高，所以只有在那些高端的摄像机上才会配备。

而 CCD 防抖，也就是电子防抖，采取的是数字电路来对画面进行防抖处理，而这项技术实际上就是通过降低画面质量来弥补拍摄过程中抖动所造成的影响。

电子防抖所需要的技术成本是非常低的，所以许多的普通数码相机都有电子防抖的功能。而如果拿电子防抖和光学防抖进行比较的话，无疑是光学防抖更胜一筹。

智能手机还在不断地发展进步，越来越多的品牌手机也都加入了光学防抖的功能，一般由于手抖造成的模糊的问题都可以解决。虽然手机加入了防抖功能，可是效果仍然没有单反相机以及摄像机那么好。

那么，在选择拍摄设备的时候，若是需要用到防抖功能，就尽量不要选择只有电子防抖的设备了，因为电子防抖的效果都不如一般的卡片机，最好选择有五轴防抖功能或者有光学防抖功能的设备。

（4）不同设备之间在便携实用性上有所区别

单单从拍摄的时长来说，一部手机的电池所能支持拍摄的时长是远远不如专业的摄像机和相机的，但手机却是拍摄设备中最具便携性的。

虽然有一些口袋摄像机，在便携性上比手机还要好，但是这类口袋摄像机的光圈会很小，采取的也是定焦，在实际使用过程中可能还比不上手机。

（5）不同设备之间像素有所差别

构成图片与影像最小最基本的单位就是像素了，一般来说，像素都是以英寸为单位的，表示的是图像的分辨率大小。要是把一张图片或是影像放大来看，上面全都是一个个小方点，这些小方点就是像素了。拍摄器材的颜色越丰富，所需要的像素位数就越高，这样拍摄出来的画面也就越真实。

在许多手机、相机和摄像机等设备的配置说明上写明的像素信息，其实指的是这个设备所支持的有效范围里最大的分辨率。许多人单纯地认为拍摄设备的像素越高，画质也就会越好，实际上，这是一个误区。

现在就用手机和相机举个例子，视频拍摄的时候所截取的其实是中间的像素，比如采用两千万像素或一千两百万像素的相机一起进行视频拍摄时，一千两百万像素的相机截取的是传感器六分之一的像素进行视频拍摄，而两千万像素截取的则是十分之一，这样下来在感光性上就差了很多。

现在市面上的主流手机的像素都保持在一千两百万像素左右，有部分手机的像素都已经达到了两千万甚至还能往上，这样的手机已经能够满足大部分短视频团队的拍摄需求了。

相比之下，单反相机的像素大多还停留在一千五百万上，那些有更多专业需求的短视频团队也可以选择两千万以上像素的单反相机。拥有这样配置的单反相机，完全能够满足短视频团队的正常后期处理。

而许多摄像机的像素基本保持在三百万左右，因为摄像机主要拍摄的还是动态的画面，所以要考虑的是画面的流畅程度，像素太高的话反而会导致视频在网络上播放的时候出现卡顿的现象。

当然，选择拍摄器材不要只把像素作为唯一的参考，应该结合许多功能综合考虑，最终才可以选择适合的拍摄器材。一般来说，现在市面上的手机、摄像机、单反相机的像素都是可以满足短视频团队的拍摄需求的。

（6）不同设备的手动功能有所区别

手机主要是被当作一种通信工具而并非是专门的拍照或者录像的工具，所以它的手动拍摄功能非常有限，一般只有闪光灯、快门延时、手动定焦、放大缩小和滤镜选择这些简单的功能。

而摄像机和单反相机就恰恰相反，它们的手动功能非常多。在单反相机上，你可以看到非常多的功能按键，其中包括菜单功能键、照片浏览、照片回放、照片删除等基本功能，此外，还会有手动功能入转盘、快门按键、手动调节光圈等等。

使用者可以根据不同的拍摄需要来任意切换功能，比如在晚上拍摄视频，可以把快门的速度从 1/25 秒改成 1/6 秒。那么感光度便会降低到八百，从而让视频的画面变清晰。而摄像机就更不同了，它属于高端的专业级别的拍摄器材，相比前面提到的那两样设备，它的手动功能更加丰富。

不管是光圈调节、镜头调节还是灯光调节，摄像机基本包含了单反相机和手机的所有手动功能，而且，不同品牌的摄像机，又会有各自特有的功能。换句话说，摄像机基本上可以满足短视频团队拍摄的所有需求。

3. 选择拍摄器材时需要考虑短视频的题材

短视频团队在器材的选择上虽然需要考虑到器材的功能以及资金问题，然而也还是需要配合短视频内容的需求来选择，所以短视频拍摄的题材也要考虑进来。

（1）题材是微电影或是情景剧

通常这些类型的短视频都是故事性较强的，所以在画面的表现和画面质量上有较高的要求，对拍摄器材的要求也自然而然要高许多。一般这类题材的短视频都需要拍摄较长的时间，因此在选择上更倾向于一些便携的拍摄设备。考虑到这些因素，可以大致把选择范围放在手机或单反相机上。

像情景剧和微电影这种短视频，可能需要根据剧本内容切换许多不一样的场景，所以要配合不同的焦距和不同效果的镜头才可以突出主题。虽然手机使用起来非常轻便，但是由于拍摄功能相对单一，比较难适应这类题材的需求，因此不建议创作时使用。

所以许多团队在拍摄情景剧或是微电影时会倾向于选择单反相机，用单反相机拍摄出来的画面质量非常清晰，而且还能随意切换不同种类的变焦镜头，可以完美胜任这些题材的拍摄，较为常用的单反相机有佳能的5D3、80D或者是索尼的A6300等。

除了这些，单反相机之所以能成为许多团队的首选拍摄器材，是因为单反相机拍出来的素材可以方便团队进行简单的后期处理以及加工。

（2）题材是街头恶搞和直播类

这类短视频通常具备一个共同的特点，那就是呈现的是真实场景，不太需要切换各种各样的镜头，也不太需要刻意追求短视频的画面质量和美感。短视频的内容主要围绕的是主角的语言和行为举止，所以这种短视频对拍摄器材没有太高的要求，仅用手机就可以满足日常拍摄需要。

而且这种短视频不用经过复杂的后期制作，甚至一些短视频完全不需要二次处理，可以直接通过手机上传到网上，方便又快捷。

（3）题材是采访和教学类的短视频

教学类的短视频，在拍摄之前应该先考虑拍摄的画面是否能直观形象地向观众展示，然后才是考虑画面质量。所以在拍摄器材的选择上，要优先考虑那些待机时间长、对焦能力强、控制方便、录音功能强的拍摄设备。

那么基于多方面的考虑，拍摄这类题材的短视频就需要选择那些功能较多的摄像机。如果团队的预算资金有限，那就选择功能较好的家用 DV 机。对于那些资金充足的团队来说，便可以考虑那些高端的摄像机。

总而言之，短视频团队在选择拍摄器材之前，一定要根据实际情况，才能找到合适的设备，从而完善短视频初期的画面效果。

脚架的选择

不管是业余的摄影爱好者，还是专业的短视频拍摄技术人员，三脚架对于短视频的拍摄来说都是必不可少的。只要是喜欢拍摄短视频的团队，没有人不知道三脚架的主要作用是什么，那就是稳定摄像机，改善视频画面质量，从而更好地完成短视频的拍摄，最终吸引“粉丝”关注。但切勿盲目选择三脚架的类型，在那之前得先确定好短视频内容的方向。

拍摄短视频有很多内容方向可以选择，比如团队拍摄的内容主要为街拍，所需要的三脚架就一定要轻便，还不能是那种会引起周边人注意的，要可以尽快地进入拍摄状态，这类情形，就需要选择收缩体积小、重量轻的三脚架。而如果拍摄的对象是人物或是在影棚拍摄，那么就不需要过多地考虑三脚架的重量问题，第一要注意的就是稳定性。因此在选择三脚架之前，首先要做的就是确定好短视频团队内容创作的方向。

选择了短视频拍摄的大致内容方向以后，就要开始考虑什么样的三脚架最适合团队创作短视频的需求。

假如团队的拍摄器材是大型的摄像机，小型的三脚架就不要考虑了，那样会造成中心失衡的。而且三脚架的材质不要选择塑料的，它非常容易磨损，稳定性不好。还有，长焦镜头最好是选择那些云台系统完善的，而且可以快速安装，系统稳固的脚架。最后注意，三脚架可不是摆来看的，在选择的时候要考虑到自身的负重能力。

绝大多数喜爱摄影的人，都愿意在镜头上面投入巨大的成本，可是却不肯在三脚架上面多花一千块，这是一种极其不理智的行为。诚然，三脚架并不是越贵越好，对一个创作短视频的团队来说，合适的三脚架才是最好的。那么在此可以根据团队初期能够对三脚架投入的成本预算，做一个简单的层次划分。

如果预算最多只能达到一千元，最好选择铝合金材质的三脚架；如果预算最多可达三千元，第一考虑碳纤维的，品牌就无所谓了；如果预算超过了四千元，就直接考虑捷信吧。

除此之外，三脚架和云台的成本，最好控制在团队所需拍摄器材成本的 15% 左右。在确定下短视频团队的创作方向，以及三脚架的成本预算之后，其他的就要从实际应用中出发，分析三脚架各部分的性能，选择一款最适合当下短视频团队创作的三脚架（如图 5-1）。

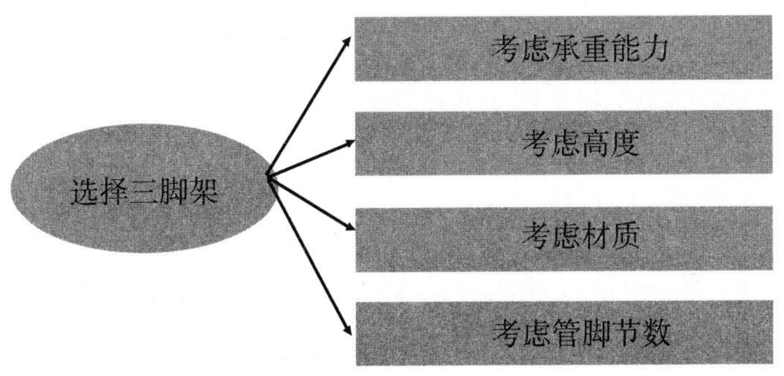

图 5-1　选择三脚架所要考虑的问题

1. 要考虑承重能力

一般三脚架都会有一个最大承重指标，就是指承受了相应器材的重量后仍然可以保持稳定的一个最大数值。而通常我们在拍摄过程中不会让三脚架的承重超出所能负荷的 60%。因为，承载重量每加重一分，不稳定的因素也就多了一分。所以在选购三脚架的时候，切记要选择那些能够承受住团队里最重拍摄器材的三脚架。

打个比方说，最重的拍摄器材的重量是两千克，那么三脚架要选择那些承重范围大于两千克的，最好要超出器材重量的两倍以上，不然一旦出现不稳定的情况，最终就会导致拍摄效果不佳。

选择三脚架承重能力时要考虑清楚，需要在三脚架上安置的器材通常包括镜头、云台、快装板和相机本体，这些设备的重量都是要计算进三脚架的承重范围里面的。

说起云台，它本质上也是起固定作用的，是用来固定相机本体的。假如说三脚架所能承受的最大重量是三千克，然而云台最大的承重量只有两千克，那么它们组合在一起所能承受的最大重量就是两千克。

还要注意的是，三脚架是需要承担云台本身的重量的，所以最终三脚架的最大承重量要大于云台。

为了能在短视频中呈现出更有质感的镜头，拍摄不同的内容往往会用到不同的镜头。那么根据镜头焦距来划分可以分为定焦镜头、长焦镜头、鱼眼镜头、广角镜头、标准镜头等多个种类。镜头的焦距越长，摄像师所能看到的视角就越窄，这样一来拍摄过程中出现一点抖动摄像师都会非常敏感，这样就更需要稳定性强的三脚架。如果团队采用的是 200mm 的镜头，那么三脚架的管径也一定要大于这个数。

所以选择三脚架的时候，一定要把以上提到的器材都考虑在内，最后再选择适合承重能力的三脚架。

2. 要考虑高度

三脚架的高度可以分成最高高度、最低高度和不升中轴的高度。

其中，最高高度指的是三脚架所有关节都展开并将中轴提升到极限所能达到的高度。通常在拍摄视频的时候，三脚架支撑相机的位置达到与肩膀同高就可以了，所以选择三脚架时不用太在意最高高度。

而选择最低高度时就要注意了，最低高度最好不要超过 40 厘米，不然会对微距和低角度拍摄产生影响。而中轴的提升会直接影响到三脚架的稳定性，所以选择三脚架时，中轴的提升高度要控制在 30 厘米之内。

3. 要考虑材质

三脚架根据不同材质可以划分为木质的、合金材质的、钢铁材质的、高强塑料材质的、碳纤维材质的等多种类型，当下市面上最常见的就是钢制、铝合金制以及碳纤维制这三种，它们的材质在承重、价格和稳定性上面都是有差异的。

而三脚架最重要的一个因素就是稳定性，现在市场上最常见的这三种材质中，当属钢制的重量最重；铝合金材质的相对而言就比较轻，但是十分坚固；而碳纤维材质的三脚架是新式的，重量也是其中最轻的，而且比铝合金材质更有韧性。

所以在选择三脚架的时候，如果是追求便利和性能的，首选碳纤维材质，但是其价格也贵了许多。如果想要最高性价比的，那就选铝合金材质的。最后，如果是在相对固定的场合使用，也可以选择钢制材质的，价格实惠又稳定。

4. 要考虑管脚节数

绝大部分三脚架的管脚都是分节式的，而且每一个关节衔接的地方都是三脚架最脆弱的地方。现在市面上流行的三脚架多是四节和五节管脚。而随着节数的增加，管脚直径会越来越小，从而导致三脚架的稳定性大大降低；可是相对的，节数越多也就意味着收起来越小，越方便携带。

社会在发展，科技在进步，三脚架在功能与材质上的发展已经走到极致了。现在很多三脚架的生产厂商都开始寻求创新，在功能上进行创新，比如下面这些就是它们赋予三脚架的最新功能。

第一个，采用低角度拍摄视频时，可以把纵向中轴转换为横向中轴，从而横置装置。

第二个，部分厂家为了使三脚架变得更加便于携带，发明出了管脚的反向折叠功能，180° 翻转折叠，可以让三脚架折叠长度更短。

最后还有一个，可以从三脚架上面拆下一个脚来，配合云台重新做成一个独立的脚架。虽然听起来像是买一个大三脚架送个小的，但这种可以拆分的三脚架的稳定性就不能保证了。

讲到这里，再告诉大家一些选择短视频拍摄设备所需三脚架的小技巧吧。

第一，碳纤维材质的三脚架，稳定又方便携带。

第二，3D 的云台，可以精准控制 3 个方向。

第三，有无拉杆连接的管脚，只要掰出角度就能适应不同场合的视频拍摄。

第四，拍摄时把三脚架管脚全部打开，架好相机后取景器与眼睛在同一水平线上最佳。

第五，螺旋锁紧的三脚架比扣式锁紧的三脚架更耐用。

在短视频的创作过程中，三脚架是不可或缺的器材，乃至可以决定影像短视频最终的质量。所以短视频创作团队在选择三脚架的时候，要根据团队的成本预算，选择一款最合适的三脚架，这样才能为短视频的创作带来更好的拍摄效果。

灯光照明设备的选择

不同的灯光能为短视频带来不同的视觉效果。图 5-2 基本囊括了短视频拍摄常用的灯光照明设备。相对影视来说，这些设备要简单得多。

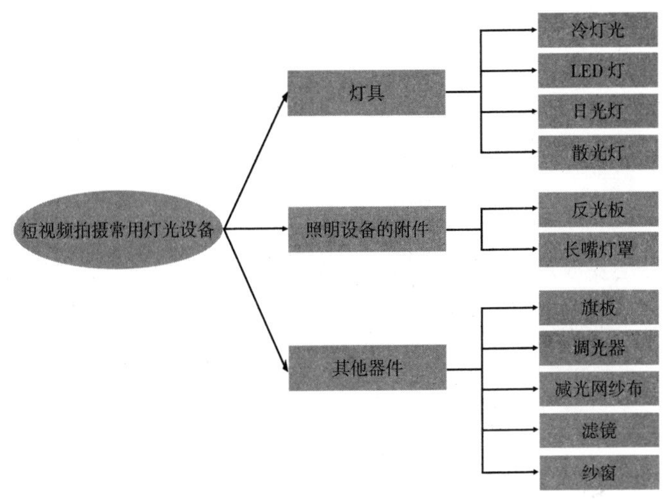

图 5-2　短视频拍摄常用灯光照明设备

1. 灯具

要想表现出不同的光线效果，就需要不同的灯具，在拍摄短视频的时候，可以根据拍摄需求选择合适的灯具。

（1）冷光灯

采用冷光板作为光源的灯就是冷光灯。在工作的时候冷光灯几乎是不会散发热量的，并且它的功率非常小，十分节能。除了这些，它还具有很强的方向性，并且光线较强，人们很容易通过这个灯光判断出光线的照射方向与范围。

冷光灯可以分为两种类型，一类是标准的冷光灯，不能调节光线的强弱，另外一种类就是可调光型，可以根据需要调节灯光的强弱。冷光灯通常被应用在会议室、工程建设、店面橱窗等地方。

冷光灯的另一个特点就是能淡化甚至消除阴影，所以比较适合作为背景光和人物轮廓光，可以减少被拍摄物体的阴影，使拍摄出来的短视频画面干净、清晰和自然。除了这些，冷光灯构造简单，使用起来较为方便，不管是安装还是吊挂都很方便，非常适合短视频团队的拍摄。

但是要注意一点，有些冷光灯的光线非常强，假如把冷光灯当作主光源使用的话，就很难拍出完美的视觉效果，所以在选择冷光灯的时候要尽量选择可调光型的冷光灯。

（2）LED 灯

LED 灯的光源本质上是一块可以通电发光的半导体芯片，可以发出红黄蓝绿青橙紫白等颜色的光。这种设备的结构也非常简单，抗震性也非常好，而且节能又环保，所以在日常生活中应用得非常普遍。

LED 灯在高速状态下也能够正常工作，工作寿命可以达到 5000 小时以上，在照明设备中是十分耐用的。然而 LED 灯并不适合在视频创作中单独使用，主要原因是它的光线强度有限。不过，如果只是把 LED 灯和柔光扩散装置配合使用，那么它的光照范围可以得到改善，但是光的穿透性会相应地变弱。

而且，LED 灯对光的可控性相比冷光灯来讲又差了许多。不过 LED 灯也并非一无是处，它很适合近距离和创意照明，可以让视频的画面看起来更加丰富。

（3）日光灯

日光灯也被叫作荧光灯，关于日光灯的选择有很多，因为它的种类是多种多样的。日光灯在使用的过程中容易发热，一发热就容易吸引灰尘，久而久之光线的强度就会越变越弱。但是要注意，日光灯虽然价格非常便宜而且光线也比较强，但是却无法调节灯光强度，所以并不适合用在视频的拍摄过程中。除了这些，日光灯的颜色也不够精准，在同时使用多个日光灯的情况下，会导致现场拍摄的光线无法平均，这会严重影响到后期对视频进行的调色工作，所以拍摄视频不适合使用日光灯。

（4）散光灯

散光灯普遍应用在电影拍摄和演播室的拍摄中，这个类型的照明设备一般拥有比较大的照明范围，通常用于正面照射或是作为顶灯。散光类的照明设备还有三基色荧光灯、调焦柔光灯、12 头灯以及气球灯，这些照明设备所发出的光线都非常均匀，非常适合用于视频的拍摄。

散光灯在使用的时候通常都是打在背景上，因为它的光是朝着四周均匀地照射的，能够照亮非常大的一片区域，但同时有一个问题，那就是散射的光线非常难控制。

根据上面对灯具类型的介绍，短视频团队可以从中挑选一样儿合适自己拍摄需求的灯具。对于那些刚刚成立的短视频团队来说，在拍摄初期的短视频可以不用去讲究那些灯光设备，简简单单把场地照亮就行了，保证镜头画面里的光线都是平均的就行。但要是想拍摄出画面效果更好的短视频，就需要在灯光设备上面多投入一些资金，选购合适的照明设备。

2. 照明设备的附件

大部分时间里，拍摄短视频不是非得架起一盏灯，比如在拍摄外景时，只需要借用反光板这种道具，所呈现的光线效果就会很好。在拍摄视频的过程中，还有很多方法能够改变光的性质。

大多数摄影爱好者都知道，人在柔光的照射下会看上去更加协调，因此在人像拍摄中，可以利用柔光道具改变光线，制造合适的柔光效果。常见的柔光道具就有柔光板以及柔光箱等。

那么问题来了，在想要改变光线的方向时，需要用到哪些道具呢?

（1）反光板

反光板可以说是短视频拍摄过程中最常用到的照明设备附件了，反光板要根据不同的拍摄要求来使用，能够让短视频画面更加饱满，充分体现出镜头中人物和物体的质感与光感。而且用了反光板之后，可以更好地突出视频里的主体，让画面更具立体感。反光板可以分为两种，一种是硬反光板，一种是软反光板。硬反光板在拍摄过程中用得比较多，它的表面经过抛光处理，价格比较昂贵。现在市面上出现了用海绵板做成的反光板，价格比硬反光板便宜，是一个不错的替代品。

表面上有着许多不规则纹理的反光板就是软反光板，会在使用过程中起到漫反射的作用，让原有的光源变得柔和，但是并不适合用在拍摄人物上，它比较适合用在拍摄美食类的短视频上。反光板使用起来非常简单，只需把反光板放在光源的周围，接着对反光板进行角度的调节，就能控制光线的走向和范围。

（2）长嘴灯罩

长嘴灯罩就是一个黑色的罩子，是用来控制光线方向的必备工具。照明灯具在使用过程中，配合这些附件使用可以营造出各种不同的氛围，提高短视频画面的质量。总而言之，这些东西在拍摄过程中都是至关重要的。

3. 其他器件

短视频拍摄团队用于控制灯光的器件，有增光用的，也有减光用的；有的能够直接安装在灯具上使用，有的却不能。

（1）旗板

旗板是一种半透明的柔纱，往往是用各种纺织物材料制成的，具有漫反射的作用。根据大小的不同，形状的不同，旗板会发挥不同的作用。在视频拍摄过程中最常用的就是黑旗板。旗板最主要的作用是防止各个光源之间出现干扰，它不会改变光线的走向，从而减轻在拍摄过程中出现的散光对画面造成的影响。

（2）调光器

调光器的工作原理是通过改变输入照明设备的电流有效值

从而完成对光线的调节。根据不同的光线控制方式和使用场合，调光器又可以分成许多种，常见的用来拍摄视频的调光器就是影视舞台调光器，这种调光器的功能齐全而且调光性能也是最好的。

调光器实际上非常常见，许多日光灯和 LED 灯都是出厂自带调光器的。调光器十分适合视频拍摄，用起来也非常简单方便。可要注意的一点是，调光器主要针对的是钨丝灯的照明使用，而且钨丝灯变暗后，色温也会发生变化。

（3）减光网纱布

减光网纱布适用在室外的拍摄过程中，因为它在减弱光线的同时，不会直接影响到光线的柔和度。减光网纱布和柔光布在使用效果上是有本质区别的。

（4）滤镜

滤镜包括减光镜和灰镜，使用它们时不会像色片一样改变光原本的颜色，只是会改变光线的强弱而已。滤镜使用起来很简单，把它固定在光源前面就可以了。

（5）纱窗

纱窗在生活当中非常常见，它其实也是个非常好用的减光道具。它可以在不改变光线距离以及颜色的情况下，非常有效地改变光线的强度。

除了上面这些，短视频还可以根据创作需要，在拍摄过程中借助道具营造氛围，这时就需要使用增色道具来对光线进行色彩调节。而色片就是主要的增色工具，这是为了配合灯光所设计出来的，因此在使用过程中不用担心色片会被灯具过高的温度所融化。要注意的一点是，色片所营造出来的视觉效果多是应用到背景上的，所以不适合用在主光源上。不过，如果团队想要在短视频中创造一点与众不同的视觉效果，色片也是个不错的选择。

还有投影遮光板，它可以非常好地营造画面效果。光源把光线照射在投影遮光板上，并不会减弱一定范围内的光源强度，可以起到精准调节大范围的光线的作用。

短视频团队在灯光设备的选择上，可以依据自身短视频内容的大致发展方向，选择最适合团队创作的照明设备。除了要考虑照明设备的性能外，还要考虑到设备的价格和使用寿命，因为照明设备的价格和使用寿命会直接影响到团队制作短视频的成本。

巧用场地提高制作水准

短视频拍摄在场地的选择上分为室内和室外两种。

1. 室外

一般情况下，一些访谈、恶搞、情景剧等类型的短视频会选择在室外拍摄，背景通常以街景为主，或者选择在一些有代表性建筑的地方拍摄。

2. 室内

而通常美食类、手工制作、脱口秀类的短视频则会选择室内拍摄。在拍摄过程中，要处理好拍摄主体和背景的关系。如果以人为拍摄主体，那么室内环境应保持整洁，不应有过多的装饰物干扰观看者的注意力，造成喧宾夺主的感觉。

无论是选择室内还是室外拍摄，都要保证环境的安静，因为过多的杂音会直接影响到短视频拍摄的质量。

在拍摄过程中，还应该注意一点，由于录制过程中人与摄像机距离过近，因此在视频后期处理时还需要做声音剪辑工作，如果在拍摄时能提前考虑到这一点，将为后期的剪辑工作减少很多麻烦。

如果是在室外场地进行拍摄，尤其需要处理好场外杂音，不要让外界的声音干扰到拍摄主题的声音。

为提高短视频的画面效果，短视频创作团队应该结合拍摄的内容，对场地进行合理的布置，对布景风格进行确定，以达到拍摄主体与整体氛围相融合的效果。

此外，在拍摄前还应该对拍摄场景进行设计，并对拍摄道具进行充足的准备。可以利用一些道具，结合现代时尚元素进行搭配，以提高画面的真实性和现代感。

4种不同天气的应对方案

在短视频的拍摄过程中，天气情况可以极大地影响短视频的拍摄效果和画面呈现。那么，应该如何针对不同的天气环境，对短视频进行合理的拍摄创作呢？

1. 晴天

晴天是极适合进行短视频拍摄的，画面会随着太阳的东升西落呈现出各种色彩变化。由于周围物体会对光线的反射产生不同的遮蔽作用，形成阴影，会影响视频中物体的颜色变化，因此拍摄之前还要注意周围环境的影响，及时对相机功能进行调整，以达到预期的效果。

在晴天拍摄时，由于光线比较明显且随时发生变化，因此合理运用光线就显得十分重要。如果想使拍摄的物体看起来更加立体，在光线充足时采取逆光拍摄是首选方式。

2. 雨天

大多数短视频的拍摄都倾向于选择晴天，但实际上雨天拍摄也有自己独特的优势，它可以拍摄出别具韵味的环境和氛围。例如：雨天可以营造出一种朦胧唯美的感觉。

但是，雨天拍摄的确比晴天拍摄更有难度。在雨天拍摄的过程中，有一些技巧可以借鉴。例如：拍摄对象如果是在掉落的雨滴，那么就要选择比较暗的背景色，同时选用逆光拍摄；结合一些自然场景，如从路边的积水中拍人或物的倒影；利用玻璃上的雨水勾画出朦胧的画面，等等。

在雨天拍摄时，除了要随时观察雨势，对拍摄工作进行调整外，在雨天进行构图时，还要尽量减少天空在镜头画面中的比例。可以利用暗色调前景进行遮挡，以免过大的亮度差为曝光增加难度。另外，由于雨天的光线反射，物体的反光能力会比较强，所以多视角拍摄的方式更有利于短视频效果的呈现。

3. 雪天

雪天有着更强的光线反射能力。因此，要根据雪天的光线情况，进行适时调整。雪天光线的反射能力更强，如果短视频创作团队忽视了这一点，明暗对比很容易超过感光片的宽容度，造成画面效果受损。此外，雪天拍摄时还要注意使用逆光拍摄，合理搭配反光板等设备进行补光，或者是通过滤镜吸收掉一部分光。

4. 雾天

雾天是一个相对来说不好把控的天气。雾是由大量的水分子聚集而成的，因此在拍摄短视频时，要注意不同光线的方向和反射影响下雾气呈现的效果。在这种天气条件下，采用侧逆光、逆光或是侧光的拍摄方式对突出雾的特点都有帮助。

雾天不仅可以拍摄出奇特的效果，还可以拍摄出干净、简约风格的画面。最常见的雾天取景方式是将景和物融为一体。为了画面的影调结构以及明暗对比，在雾天进行场景构图时要注意，在镜头画面中一定要出现暗色调的景物，这样可以使雾的视觉效果在视频中有更好的体现。

雾天拍摄短视频可以很好地展现出奇幻的画面效果，但也很容易使短视频画面缺少活力，降低对观众的吸引力。因此，建议在雾天拍摄的时候，选择一位比较有经验的摄像师，提前选好合适的场地和角度，例如选择高处或者观景台进行拍摄，以达到更好的效果。

光线运用的几个技巧

为了在拍摄短视频的过程中更好地利用场地，在拍摄之前需要对拍摄光线做到心中有数。

在短视频拍摄过程中，光线的角度以及强度对画面呈现出来的意境有着很大的影响，这就要求拍摄者根据短视频所需要呈现的场景和画面，进行合理的布光、调节光线强度和色调，以营造出更好的拍摄环境。

短视频拍摄过程中，在光线的选择方面，有顺光、测光、逆光和顶光几种方式可供参考。

1. 顺光

顺光又叫正面光、平光。光线从被摄者正面照射，特点是被摄者全部受光，光线亮度高，影像平淡，色彩还原较好，但光比较平，很难表现出立体感。因此，其余 3 种类型的光线显得更具优势。

2. 侧光

侧光是短视频拍摄中最常使用的一种光线。它能使拍摄主体随着光线的明暗变化从而更加突出主体的空间感，显得更加高级、立体。

3. 逆光

逆光照明则可以将视频中的背景画面与主体进行有效区分，使被拍物体的轮廓更加清晰，从而增加短视频画面的丰富性和活跃性。但在使用逆光照明手法时，应适当对阴影部分的亮度进行调整。

4. 顶光

顶光照明是许多美食类的短视频作者经常使用的光线手法。它是将光线直接从正上方打向被拍摄主体，这样拍摄主体就可以呈现出精致细腻的效果和美感。另外，美食类的短视频如果想使用柔和一点的光线进行拍摄，可以合理选择时间段。例如选择在早晨或下午拍摄，这样拍摄主体所呈现的画面感更加真实自然，也更温馨柔和。需要注意的是，应该尽量避开正午阳光直射时进行拍摄。

由于很多短视频拍摄场景都在室内，因此合理地借助环境光显得尤为重要。例如，在教学或直播类短视频拍摄前，对室内的光源进行观察，充分利用室内的基础光线。如果想使画面达到柔和的效果，还需要避免光源直射。

06 短视频的构图法则与后期制作要点

拍摄短视频需要摄影师掌握一定的构图技巧，保证拍摄出的画面适合视频主题、情境等的要求，且符合大众的审美诉求。下面就来详细介绍短视频拍摄中经常用到的几种构图技巧及其应用场景。

中心构图，明确主体

什么是中心构图？将拍摄的主体放在摄像机的中心位置进行拍摄，就是中心构图。这种拍摄方法可以很好地突出拍摄主体，让人很容易发现拍摄的重点，从而将注意力集中在拍摄对象上，可以第一时间获取视频想要传达的信息。

中心构图视频拍摄法有个最大的优点，那就是能够突出主体，从而明确重点，可以使画面很容易达到左右平衡的效果。

中心构图法非常适合拍摄特写镜头，尤其是拍摄那种小景，需要选择相对饱满一些的主体。比如花朵形状的东西——包裹着的花瓣或是叶片，这些东西具有非常好的层次感，能产生一种内在的向心力和平衡力。

1. 适用中心构图法的情况

下面这四种情况下，比较合适使用中心构图法（如图 6-1）。

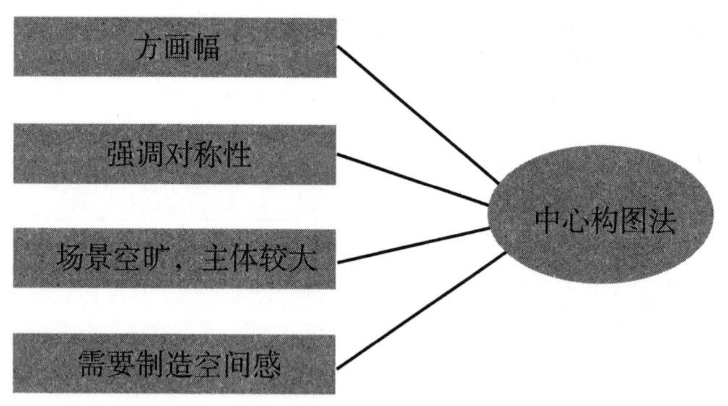

图 6-1　中心构图法

（1）方画幅

当使用的是一比一的正方形画幅时，因为中心到画面四边的距离都是相等的，所以把主体放在中心点上更能引人注意。

（2）强调对称性

这种情况就只有中心构图能够体现视觉上的对称。

（3）场景空旷，主体较大

当背景大部分都是相对单一的纯色时，整个画面就会很“空”。这时如果主体占据的画面比例比较大的话，最好的办法就是将它放在画面的中间，否则会在某一侧形成一股“重量感”，导致画面失衡，观众看了会很不舒服的。

（4）需要制造空间感

当一个物体居中的时候，往往更能直观地展现它的大小，尤其是当它被包围在人、建筑物以及其他具有“空间标尺”作用的景物之中时。在拍摄都市风光时，尤其需要注意这一点。

2. 中心构图法需要注意的问题

使用中心构图法，需要注意以下几方面的问题（如图6-2）：

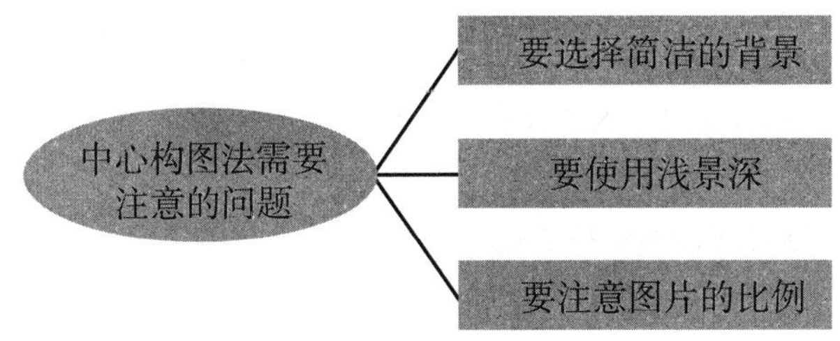

图 6-2　中心构图法需要注意的问题

（1）要选择简洁的背景

通常我们选择中心构图，就是为了突出画面里我们主要想表达的内容，所以在背景的选择上，我们需要避免过多无关的元素出现在背景上。

就比如你要拍摄人像，你却让模特站在一条人头攒动的街道上，还用中心构图法给模特拍全身照，这样拍出来的照片怎么能让人找到重点呢？因为这样的背景实在太乱了，很难让人一下把视线集中到模特身上。

（2）要使用浅景深

在绝大部分的时候，拍摄短视频并不能找到特别合适的背景。不过，找不到那样的背景也不要紧，我们可以通过浅景深的背景虚化方式来突出拍摄的主体。其实，浅景深效果的照片就是我们平时说的用大光圈拍出来的照片，背景可以有很明显的虚化效果，主体却能够清晰而突出。

（3）要注意图片的比例

为什么要注意图片比例呢？这里可以举个简单的例子：你要是用横的比例去拍摄一朵向日葵，这会在一定程度上让画面两边多出很多不必要的元素；但是如果你选择用竖的比例去拍，则可以突出向日葵在画面中的主体地位，让人一目了然。

三分线构图，平衡画面

三分线构图法指的是把画面横分成三份，在每一份的中心都可以放置上主体形态，这种构图法适合有着多形态平行焦点的主体，同时也可以表现大空间，小对象，还可以反向选择。这种画面构图方式，具有鲜明的表现力，构图简练，能够用于近景等不同景别的拍摄。

在三分线构图法中，摄影师要用两条竖线和两条横线将场景分割开，就像是写了一个中文的“井”字一样。这样可以从线段相交的地方得到 4 个交叉点，最后再把需要表现的主体放在 4 个交叉点中的一个就可以了。

通过取景器观察到的景物，可以在想象中把画面划分成三等份。把趣味中心和其他次要景物安排在线段的交叉点上。当然，规则是死的，要根据实际情况灵活运用，趣味中心也不是一定要正好在交叉点上，只要大致位置在那一带就可以了。

一般来讲，在画面右端的那些交叉点被认为是最强烈的；不过位于左边三分之一处的地方也可以用来安排趣味中心，这一切都要根据画面所需要的平衡结构来决定。

不管是横画幅还是竖画幅都可以用三分线构图法。遵循着三分线构图法来安排主体和客体，整张照片就会显得紧凑而有力。

三分线构图法大致需要注意以下几个方面的问题（如图 6-3）：

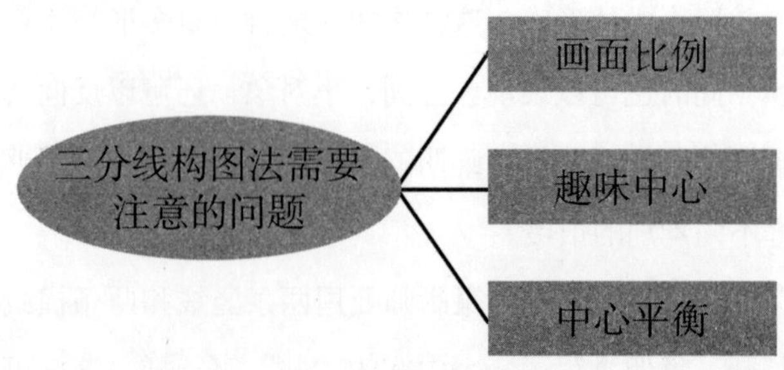

图 6-3　三分线构图法需要注意的问题

1. 画面比例

这在风景拍摄上比较常见，通过把画面边缘区域比如海平面、地平线、山脊线和建筑立面等贴近三分线，从而优化画面内容比例，避免了平等对分的僵硬死板。

2. 趣味中心

通过把画面的趣味中心安排在三分线交叉点上，引导观看者的视线，符合观众的观赏习惯。

3. 重心平衡

如果画面中的主体不是单一的，则可以让两者分别放在不同的三分线交叉点上，从而平衡画面的重心。

前景构图，层次分明

什么是前景构图？就是利用距离镜头最近的物体进行遮挡，从而体现画面虚实远近关系的拍摄方式。

前景构图用得好，不但可以有效地突出视频主体，还可以为画面营造出纵深感，大大地提高短视频的视觉冲击力。

画面中加入了前景能够平衡画面的重心，着重表现出远近对比，拉伸纵向的空间，表现出较强的画面质感，丰富画面内容的同时，还可以起到烘托气氛的作用。

镜头从上往下靠近前景俯拍，用小光圈来表现可以让画面更加真实，画面可以形成递进关系，从而增加层次感。

要拍摄沙滩、岩石的时候，这样利用广角低角度地拍摄前景，能够突出沙石的质感。

拍人像时，可以通过选择焦距的方法，让镜头前面的景物完全虚化成一团具有色调的虚影，变成画面的点缀，用以突出人物主体。

1. 前景构图的分类

比较常见的几种前景形态有引导式前景、框架式前景、虚化式前景、介质式前景（如图 6-4）。

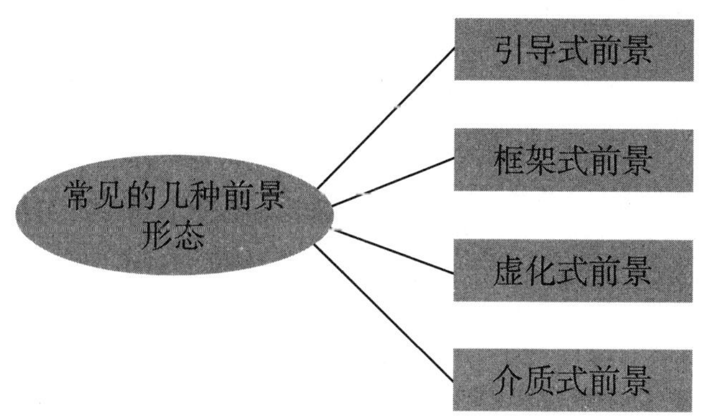

图 6-4　常见的几种前景形态

（1）引导式前景

安排结构的时候，可以把具有引导视线作用的线条或者一些有指向性的动作作为前景，用以引导观赏者的视线从前景转到中景与后景，用陪体突出主体。若是把往中间汇聚的线条作为前景，就能将观赏者的视线引导到汇聚在中心的主体上面。

这样做不但可以突出主体，那种离镜头近的，拥有着丰富细节的前景事物，还可以让画面变得更加有立体感。常见的引导式前景包括墙壁、栏杆以及路边石。

（2）框架式前景

从广义上讲，任何物体，只要能对主体形成遮挡作用，都可以被称为框架式前景。

在镜头画面里加入构成框架的前景景物，在发挥出框架式构图作用的同时，还能作为环境氛围的一种衬托，交代出当时的场景条件。

例如，用破碎的玻璃作为一种框架式前景，就会有一种旁观者的视角，这样拍出来的照片故事性和趣味性都更强。

而在人像摄影中，如果镜头靠近了框景元素拍摄，会在画面中形成大片大片的色块，这时可以在画面中加入很多梦幻的元素，比如花朵或光斑之类。

（3）虚化式前景

在使用前景景物进行框架式构图时，通常需要对框架景物进行虚化处理，但是虚化前景却并不一定是为了起到框架式构图的“遮挡”作用。

在自然界中，可以借助花花草草作为天然的虚化式前景。

如果镜头的光圈足够大的话，也不一定要寻找花花草草，一件很普通的景物在完全虚化之后也会变得非常具有朦胧感。

（4）介质式前景

可以透过一些透明的物体进行拍摄，这种透明的物体就是介质式前景。采用这种方式，客观上可以增加人物到镜头之间的有效距离。

玻璃就是常见的具有透明属性的介质，大光圈可以弱化玻璃的存在感，为画面提供整体的梦幻氛围。

在使用大光圈拍摄玻璃时，最大的一个问题就是会反光，这会影响到相机的自动对焦系统，导致找不到焦点，这时候就需要自己进行手动对焦。

2. 适用前景构图的情况

那么，在什么情况下使用前景构图是比较合适的呢？主要包括下面这几种：

（1）使用的是广角镜头，在低角度拍摄时

面对自然风光，很多人往往都会选择采用广角镜头进行拍摄。而在广角镜头下，空间会被拉开来，因此前景就显得更为重要了。这时我们可以选择把石块、流水乃至地面的落叶当作前景。这样的前景可以起到延伸画面的作用，使画面更加具有纵深感。

广角镜头加上低角度拍摄，选择小路作为前景，可以使画面获得更好的纵深感。

（2）在拍摄中想要强调虚实对比时

因为空气中含有大量的灰尘和水汽，光线在穿过空气的时候会产生衰减，因此我们看到的画面往往都是近的比较实，远的比较虚，这就是传说中的空间透视衰弱。

那么在构图的时候，有意识地加入较实的前景和较虚的远景，可以起到增强画面层次感的作用。

3. 运用前景构图的注意事项

除此之外，在运用前景构图的方法时还有一些需要格外注意的事项。

首先，记住前景是用来烘托以及衬托主体的，是为主体服务的，不能喧宾夺主，遮挡我们看主体的视线。

其次，前景不可以抢了主体的风头。前景的表现力一定要弱于主体，要让人能够一眼看出主次，而不是找不到重点。

最后，要确保前景是符合整个画面主题的，要运用准确，构图唯美，既要与主体具有相关性，又要起到突出主体、烘托主体的作用。

只要能够巧妙地利用前景构图，就可以让短视频呈现出更好的画面效果。

圆形构图，规整唯美

圆形构图是什么？它是一种特殊的、带有适应性的边框，

它在视觉艺术中得到了广泛的应用，它的构图形式是产生特定艺术效果的先决条件。圆形构图是在限定的边框画面里根据设计师意图来组织视觉语言、构建画面，从而形成一个人为的视觉空间。

1. 圆形构图法的分类

常见的圆形构图法主要可以分为三种：

（1）同心圆

同心圆像是将石头扔进湖水中形成的一圈圈涟漪。同心圆具有扩张的视觉引导作用，它的中心点显得格外引人注意。

（2）破绽圆

在一个完整圆形的圆周上，每一点的视觉引力都是均衡的。如果这时圆周上的某一处出现了突起或破损，视觉上的注意力便会马上集中到这里，形成一个新的视觉中心。就像一个圆盘的缺口，破损之处自然而然就会成为焦点。

（3）螺旋形

螺旋形是一种激烈地向心做旋转运动的状态，它会给人一种强烈的旋转感与动荡感。

一般来讲，靠近圆心的图像都会更容易成为视觉的中心。从知觉构造角度来讲，在视线和画面接触的时候，都是先沿着边缘滑动，然后再寻求画面的中心。圆心之上就是画面的几何中心，几何中心和画面的视觉中心并不是一种重叠的关系，二者事实上是分离的，恰恰是这种分离产生了视觉上的张力。

2. 圆形构图法的使用方法

圆形构图法有三种常用方法（如图 6-5）。

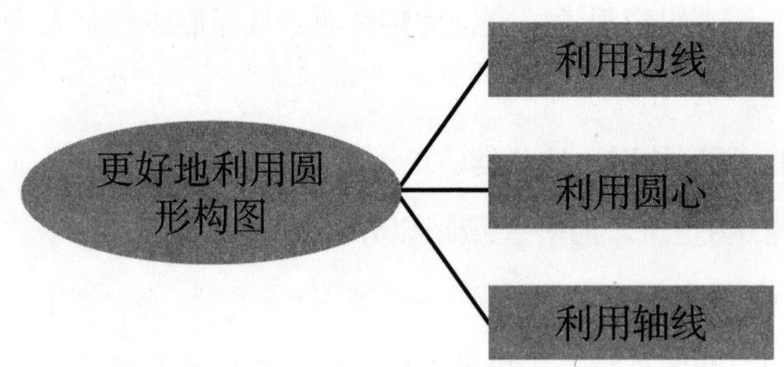

图 6-5 更好地利用圆形构图

（1）利用边线

因为圆形的边线是没有开头与结尾的，在形状上也没有方向性，整个圆形张力均匀，所以会给人以滚动、饱满、完整、柔和、围拢的感觉。

圆形构图不会突出任何一个方向，可以算得上最简单的一个视觉样式，这样的完美性往往会特别引人注目。

（2）利用圆心

当我们看到一个圆形时，会不自觉地产生一个想法，那就是寻找圆心。假如一个圆圈中间有两个点，那么靠近圆心的那个点会比较突出，因为画面的几何中心是位于圆心上的，它是影响人们知觉力场的一个重要因素。

（3）利用轴线

轴线构图指的是以圆形的中轴线为基准，在圆形中对主体事物进行布置构图。当视线范围内出现一个趣味点时，那么整个画面都将以这个趣味点为轴线，产生一股极强的向心力。

从功能的角度来说，圆形构图具备一种适应性，它规定了构成作品的视觉对象与范围，同时也把作品从其环境中分离了出来，从而形成一个突出的中心。

总的来说，圆形构图具有丰满、柔和、运动的特点，边线没有开头与结尾，在形状上也没有方向性，整体张力均匀，让人产生滚动、饱满、完整、柔和、围拢的视觉体验。

后期制作必须学会的 6 种软件

目前，短视频行业常用的后期制作软件主要有以下 6 种（如图 6-6）：

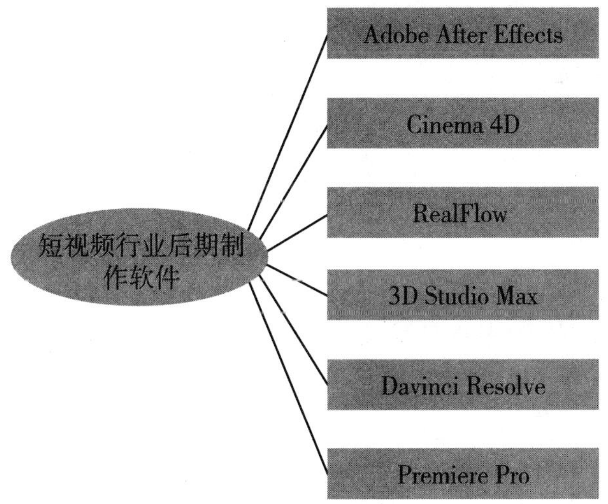

图 6-6　短视频行业后期制作软件

1. Adobe After Effects

Adobe After Effects 是 Adobe 公司推出的一款图形视频处理软件，简称“AE”。它属于层类型后期软件。适用于电视台、动画制作公司、个人后期制作工作室以及多媒体工作室等从事设计和视频特技工作的机构。

2. Cinema 4D

Cinema 4D，它的前身为 FastRay，中文翻译为“4D 电影”，它是由德国 Maxon Computer 公司研发的，它具有极高的运算速度和强大的渲染插件，曾经被使用在《毁灭战士》《阿凡达》等电影当中，并在贸易展中荣获“最佳产品”的称号。

3. RealFlow

Real Flow 是一款独立的模拟软件，它是由西班牙的 Next Limit 公司出品的流体动力学模拟软件。RealFlow 提供给艺术家们一系列精心设计的工具，它可以计算真实世界中包括液体在内的物体的流动。如流体模拟（液体和气体）、网格生成器、带有约束的刚体动力学、弹性、控制流体行为的工作平台和波动、浮力。

4. 3D Studio Max

3D Studio Max 是 Discreet（后来由 Autodesk 合并）开发的基于 PC 系统的三维动画渲染和制作软件，通常被称为 3D Max 或 3Ds MAX。它的前身是基于 DOS 操作系统的 3D Studio 系列软件。在 Windows NT 出现以前，工业级的 CG 制作被 SGI 图形工作站所垄断。

5. Davinci Resolve

Davinci Resolve 将迄今最先进的调色工具和专业多轨道剪辑功能合二为一。Davinci Resolve 因其有着可扩展的特性和分辨率无关性，因此适用空间十分广泛，无论是在现场、狭小工作室，还是在大型好莱坞都能适用。

6. Premiere Pro

由于 Premiere Pro 是一款易学、高效、精确的视频剪辑软件，可以提升创作者的创作能力及创作自由度，因此受到了视频编辑爱好者和专业人士的青睐。

短视频剪辑与优化的 4 个方法

短视频后期剪辑的好坏，决定它是否能将短视频的意义体现出来，也是导致短视频质量好坏的重要原因。

后期剪辑工作体现短视频的审美品位，制约着短视频的质量，有利于营造短视频风格，最终体现了短视频的思想。

完善的剪辑技巧，是创作优秀短视频作品的关键，可以对原本创作优良的视频起到画龙点睛的作用，达到很好的提升效果。

无论是自拍自演的短视频，还是剪辑的电影镜头，都遵循一套可行的剪辑理论，只有这样才能把短视频组成一个完整的成品。根据内容的不同，剪辑具有几个方面的作用（如图 6-7）：

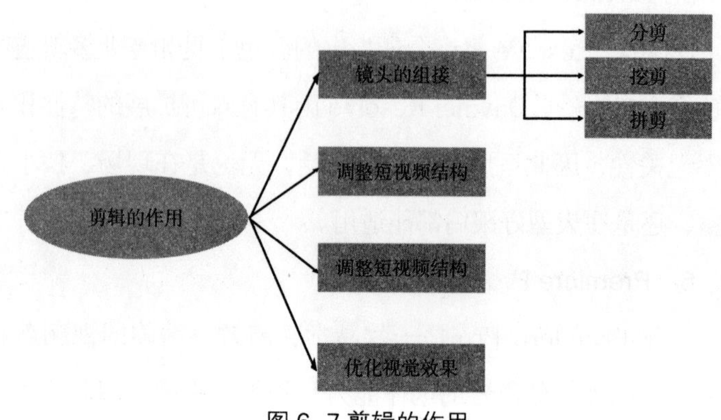

图 6-7 剪辑的作用

1. 镜头的组接

镜头组接就是以导演剧本为依据，对短视频中的单独画面按照导演剧本的逻辑和要求，进行筛选和去芜存菁的裁剪，最终形成一套有思路、有逻辑、有创意的连贯作品，达到最好的短视频效果。剪辑镜头的组接可以大致分为分剪、挖剪和拼剪三种类型。

（1）分剪

顾名思义，分剪就是将一个镜头剪辑成多个镜头来使用，利用镜头的相似性，将剪辑后的镜头分别用于视频中的不同位置，其优势是可以弥补素材缺少的问题，除此之外，在很多情况下，还能起到增强效果的作用。

将一个镜头分成多个镜头运用在视频中，在素材增多的情况下，可以制造出更多的情节，增强短视频的节奏感和紧张氛围，对视频中不合理的时空关系进行调整。但还需要注意的一点是，无论是在短视频中还是在电影制作过程中，都应该避免在长时间内反复使用同一个镜头的现象，这样会对短视频的质量造成不好的影响。

（2）挖剪

挖剪的作用与分剪恰恰相反，挖剪主要用来抠掉无用的部分，对一个完整镜头中不足的地方，如停顿导致的空白或是多余的内容进行修整。挖剪手法一般只有在出现拍摄失误或者有特殊需求的情况下才会使用到，一般使用得很少。

挖剪的使用是为了剔除掉短视频中的瑕疵部分，使动作、人、物或者一些运动镜头更加具有连贯性，让观众始终处于一种合适的观看节奏当中。

（3）拼剪

拼剪是将相似的画面内容进行筛选，把可以使用的部分画面用特殊的手段进行拼接，以弥补画面的不足。以往只有在镜头太短或者不能重拍的情况下才会使用拼剪手法，但是随着短视频行业的发展，越来越多的短视频中都能看到拼剪手法的使用。

对于需要经过拼剪手法处理的视频而言，最好的操作方式是，延长镜头的拍摄时间，使短视频中的人物情感得到升华。拼剪时选取镜头中比较突出的一部分进行加速或者延迟的处理，以此达到理想的剪辑效果。

2. 调整短视频结构

通过对短视频内容顺序进行裁剪、调整以及结构改动，使短视频结构更加完整。典型的方法是变格剪辑，这是渲染氛围的重要方式，就是对画面素材中的动作进行变格处理，形成更加夸张的剧情效果，以满足视频中情节的特殊发展，形成对剧情动作的夸张和强调。

变格剪辑的使用对短视频最直接的影响就是改变了短视频的节奏。为了达到剪辑师对短视频内容的特别需求，在变格剪辑的使用上通常有两种方式：一种是为了改变视频中的某件事情从发生到结束之间的时空距离，从而对视频画面进行延长或者缩短；另一种方式就是，删掉一部分拍摄客体的画面，从而达到突出主体的作用。

3. 优化视觉效果

视觉效果的设置包括衔接过渡和特殊视觉等，典型的动态文字效果有 3D 效果、抠图效果、滤镜效果等。在添加各种视觉效果时，一定对各个视觉效果使用的节奏进行适度安排，避免整个短视频的画面过于死板，以增加视频画面的视觉冲击力。

除此之外，关于色彩的选择应用，在短视频制作剪辑的过程中也要多加注意。由于黄色在终端显示的时候往往让人感觉脏乱和阴暗，导致很多剪辑师在颜色选择上很少使用黄色，所以对于黄色的使用选择要谨慎考虑。

4. 声音的运用

通过对短视频素材的取舍、修整、组合和连接，结合使用与短视频风格相吻合的音效，可以烘托人物性格、增加戏剧效果、渲染环境氛围，制作出更具有感染力的短视频，满足观众的需求。

随着互联网的发展，短视频的传播变得更加快速便捷。为了更好地表达短视频所呈现的内容，除了需要提升内容与画面的质量外，还需要不断提升剪辑技术，才能更具体地呈现出短视频的主题思想。

短视频剪辑必须注意的 7 大事项

在短视频剪辑中要注意以下事项，可以帮助创作者使用更好的剪辑技巧凸显出自己的视频风格（如图 6-8）。

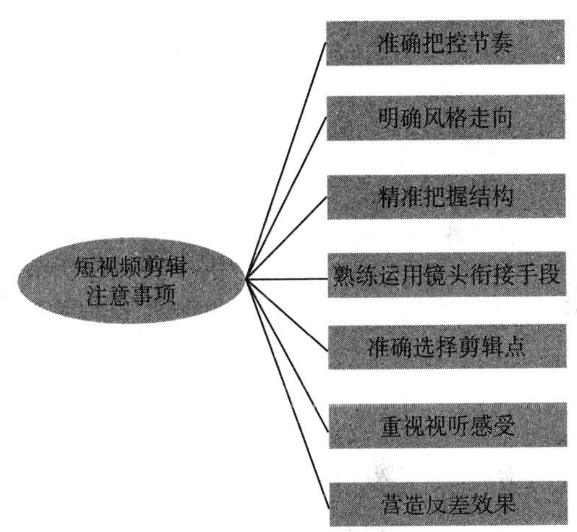

图 6-8　短视频剪辑注意事项

1. 准确把控节奏

由于社会的高速发展、生活节奏的加快，人们都希望用最短时间获取最大的信息量。为此，就要求短视频的节奏不能平缓和拖沓，而要做到张弛有度。

例如系列电影《哈利·波特》，故事一开始所营造的氛围较为平缓，随着剧情的深入，节奏慢慢变得紧张，之后又从紧张变得激烈。故事由慢到快的节奏，可以让观众有很强的带入感。在影片结束时，剧情又回归平缓，让观众对精彩内容的回顾有了缓冲的时间。这种对节奏的适度把控，是对人们观影心理状态的一种捕捉，目的是让观众更好地吸收内容。

影片节奏的把控有时甚至会影响整个视频最终的播放效果。因此，要想把短视频的剪辑工作做好，准确把控节奏是很关键的因素。一部影片通常分为内部节奏和外部节奏，内部节奏包括故事结构、内容情节、剧中人物情感的变化等，是穿插整部影片的主线，而外部节奏则是指后期剪辑师创造出来的韵律。

对于短视频而言，大部分题材都只考虑外部节奏，对于一些微电影、情景剧之类的短视频而言，会考虑到内部节奏。因此，剪辑师在节奏把控方面发挥着重要的作用。

2. 明确风格走向

确定好短视频整体的节奏基调之后，就能构建出整个视频的风格定向。摄影师在前期拍摄短视频过程中，总会想办法通过各种方式来靠近短视频摄像的风格。

因此，后期编辑首先要对短视频的整体风格加以规范和确定，形成完整的构思后，再对视频进行剪辑。剪辑必须建立在掌握编导创作目的、熟悉短视频的基础上，然后根据短视频的风格和形式，采用特定的剪辑手段。在短视频内容的风格得以确定后，短视频的整体风格就应该保持一致。

3. 精准把握结构

多彩的生活为多样化的结构提供了可能，短视频的剪辑结构要做到内容流畅、严谨、过渡自然，并且尽可能新颖。只有在结构上做到独特新颖、风格鲜明，才能够引起“粉丝”的兴趣。

4. 熟练运用镜头衔接手段

每个短视频在衔接上都会有空间或者时间上的转换，而转场剪辑的方式有动作转场剪辑、直接转场剪辑、音乐转场剪辑、特写转场剪辑、情绪转场剪辑、音效转场剪辑、对话转场剪辑和过渡特效转场剪辑，上面提到的转场剪辑方法中使用最多的就是直接转场。直接转场就是以转换时间、空间或情节的推进为手段，由上一部分直接转换到下一部分。

为了确保观众对内容的理解能力，在进行镜头衔接的时候，一定要符合逻辑关系，即要符合观众的思维逻辑和生活逻辑。同时，为了呈现出最好的效果，镜头衔接的方式要顺应视频内容情节的变化规律。

循序渐进是表现景色变化最常用的镜头衔接方法。在衔接过程中，逐渐缓慢地变化不同的镜头，使景色的变化更加流畅。常见的镜头衔接方法有动作衔接、队列衔接、黑白格衔接等。

采用镜头衔接要按照短视频作者的创造意图，从短视频的内容和需要出发，在不脱离实际的基础上，进行适当的创新。无论采用什么方式进行镜头衔接，都应该注意镜头组接的时长、节奏、色调的统一程度等问题。

5. 准确选择剪辑点

在确定剪辑点时，要注意短视频中人物的情绪以及人物声音的感染力。在视频剪辑中经常遇到的就是一些日常活动和动作，例如起坐、握手、走路和跑步。可以对这些画面进行剪裁，从而加快视频节奏。例如：当出现一个打开门的镜头后，接下来可以衔接门内的景象。

6. 重视视听感受

当剪辑到无声的视频片段时，要考虑到声音与视频结合之后的效果。

7. 营造反差效果

在剪辑时运用反差对比的方式，比在短视频中刻意强调，更能让网友印象深刻。例如，想突出视频中天气的恶劣，可以插入天气晴好的部分进行对比，形成强烈的反差。

动作镜头的组接，有动接动、静接静、动接静以及静接动这几种形式。在剪辑时，以动作作为剪辑中心，一定要考虑画面的整体性，保持流畅性。为确保后期剪辑工作的顺利进行，主镜头一定要是时间较长的素材。

07 快速引爆：低成本也能 100 万 +

对于短视频营销行业而言，渠道的选择至关重要。不同渠道的选择给短视频带来的收益分成是各不相同的，最重要的是带来的用户流量也是存在差异的。因此，快速摸清每个渠道的脉络，有针对性地利用各种技巧，才能让我们用低成本的方法获得高流量。

如何取一个 100 万播放量的视频标题

标题的好坏会影响短视频的播放量。好的标题会为短视频传播起到推波助澜的作用，相反一个不好的标题甚至会掩埋一个优质内容的短视频。说到用标题带来播放量，我们率先就会想到“标题党”。

但是我们所说的好标题并不是大家认为的“标题党”，而是在保证优质内容的前提下根据标题自身的特点和平台运营，去摸索总结出一些起标题的门道和规律特点。在了解取标题的技巧前，我们需要清楚为什么好标题对短视频来说那么重要。

我们都知道用户在选择观看短视频时，所有的内容都会以列表的形式呈现在同一界面中。

此时，需要通过用户的点击来决定短视频的播放量，无论什么原因只要用户点击一次就相当于视频被播放一次。在这种情况下，影响用户点击的就是短视频标题了。一堆短视频中，在看不到内容的情况下同时呈现，只能依靠短视频标题和封面图片来吸引观众，那么好的标题也就比别人领先一步。

用户除了直接在视频页面选择观看内容，也会手动输入一些关键词进行搜索观看。如果我们的标题上有用户搜索的关键词，那么短视频就会被推荐给用户，增加被观看的概率。

当用户在今日头条的搜索栏中输入“美食”，那么所有在该平台上发布的标题上包含“美食”二字的视频内容，就会被推荐给用户进行选择观看。

在这种情况下，界定标题好坏的最直接标准，就是看目标用户的点击量。只有先吸引眼球，让用户点击观看短视频，才会有收藏、转发等一系列接下来的活动。

那么，如何才能取一个可以带来高点击量的标题呢？

1. 巧妙利用数字

数字本身就具有强大的力量，当你的短视频被推荐到各大平台上时，用户在界面浏览内容，停留在标题上的时间不会超过两秒。那么如何让用户在短时间内可以一眼就看到你的标题呢?

这就需要短视频标题既要简洁明了，又要直观，而数字正好就有这样的特性。

《80 万，爆改上海闹市 $400m^2$ 独栋小楼》这是“一条”发布的一个短视频。单看标题，数字使用让用户一下子抓住视频内容的关键，上海 $400m^2$ 小楼只用 80 万元改造。

除了将内容更直观地摆在用户眼前，数字的使用让标题看起来更加精确简洁，会给用户带来一种肯定的感觉。用户看完视频，就能清楚装修 $400m^2$ 用 80 万是怎么做到的。数字的使用让用户的视觉很有冲击感，在某种程度上也是为了引导用户观看短视频。

因此，在标题中巧妙地利用数字，将标题中所有能用数字表达的文字都替换成阿拉伯数字，更能提高用户的视觉敏感度。需要注意的是，阿拉伯数字的“1、2、3”直观程度要高于文字式的“一、二、三”。两种形式哪个更直白更直观，是显而易见的。

2. 引起用户好奇

用户在好奇心的驱使下，就会不由自主地点开短视频，在用户不知道内容的情况下，通过标题是最容易引起用户好奇的方法。

（1）标题提出疑问

这个方式主要就是利用人性的特点，让用户产生好奇心。用户心中产生疑问就会有想要一探究竟的欲望，这样一来也能够增加短视频的点击量。

比如，“三顾”发布的短视频，许多标题上都利用了疑问句的形式，以《我可以留住春天！你行吗？》为例，看到这个标题，部分用户在脑海里就会蹦出“秋天能留住吗？这是在开玩笑的吧？视频到底说的是什么？”等类似的疑问。

带着好奇心和内心的疑惑，用户自然而然就会点开短视频。由其实际点击量可见，疑问式标题的短视频播放量都不低。

（2）挑衅语

“你敢吗？”“你一定想不到”“你一定不会”等，像这类语句都属于挑衅性的。用户看到这样的标题会产生较大的刺激感，同样也会好奇，想知道短视频的内容。看看到底是什么样的事情，究竟是不是自己不会的，不敢做的。

和标题使用疑问句的目的一样，都是为了引起用户的好奇心，但需要提醒大家的是，使用挑衅语标题，在带来高点击量的同时，要保证短视频的内容有足够的深度，能给用户带来意想不到的感觉。否则也只是徒劳，甚至引起用户的不满。

（3）矛盾体

在标题中使用前后矛盾、冲突的字眼，也会增加用户的好奇心理。例如《我失业了，但是我很快乐》《渴了，为什么不想喝水》等。看到这样的标题，用户首先会觉得莫名其妙，不合常理。失业本来是件很难过的事情，怎么还快乐得起来？渴了就要喝水，为什么却不想喝？用户想到这里，好奇心自然就会引导用户打开短视频，去解决用户心中的疑惑。

总之，好奇心是引导用户最容易的方法，用户都有想要获得某些内容的心理。特别是对于未知的、有疑问的事情，用户想要了解的欲望最深刻。因此要让你的标题不留痕迹地引导用户，就要抓住用户的好奇心。

3. 利用用户痛点

一般来说用户在生活工作中碰到的困难问题都是痛点，问题有多严重，痛点就有多深刻。简单地说，用户的痛点是什么？无非就是矮、胖、穷、丑、夏天热、冬天冷等。说到底就是抓住和用户相关的、感兴趣的、有共鸣的内容作为短视频标题。

许多短视频能够在短时间内迅速蹿红很大一部分原因就是：视频从标题到内容都能够抓住用户痛点。2017 年 11 月，很多人都被罐头视频发布的一则名为“这个季节，起床困难户的内心戏要多丰富就有多丰富”的短视频吸引了目光。

冬季天气寒冷，早晨不愿意起床。这对于很多用户特别是对很多年轻人而言，都是痛点。视频标题中带有这样的字样播放量也不会太低。而带有痛点的标题，更贴近用户生活，就更容易引起关注。

4. 添加关键词

这里的关键词是指时下热门词汇，也就是用蹭热度的方法。这类词汇一般都带有高流量，用户搜索或选择的概率会更高。即使我们的短视频内容和这些关键词一点都不沾边，我们也可以和关键词“套近乎”。

但是需要注意的是，使用这类热门词汇是个技术活儿，需要对关键词高度敏感，能够快速在词汇热度不减的情况下尽早使用，否则随着时间的流逝，词汇热度一旦降低，再次使用不但不会给短视频带来较高的点击量，而且会让用户产生反感和视觉疲劳，弄不好会带来消极的影响。

5. 增加代入感

有代入感的标题能拉近和用户之间的距离，而让用户产生代入感的方法有很多，最简单的方法就是加入人称“你”。比如“你应该知道的 ×××”“××× 对你有用”等，这样的标题就很有代入感，让用户觉得视频是为自己量身定做的。这样一来，更愿意打开看看。

除了添加第二人称，将标题场景化也是增加代入感的一种方式，让用户看到标题就陷入编织的情境中。

以上就是提高标题效果的几种技巧，方法不是固定的也不是绝对的，在运用的过程中都需要我们根据实际情况，进行不断优化。而只有在这些基础的技巧上反复练习，才能慢慢地提高标题感。

无论使用哪种方法，起标题一定要根据短视频的内容而来，只有在内容的基础上才能摸索出一些适合自己的门路，这也是我们在给短视频起标题时需要注意的问题。一定不要在标题上故弄玄虚，使其和短视频内容之间落差过大。

如何提高今日头条的短视频播放量

今日头条 2016 年宣布加入短视频分发行列，并投入了大量的资金作为补贴，给予短视频内容原创作者。这无疑给很多短视频新媒体人打了一剂兴奋剂，而今日头条在抓住短视频这一风口后，也逐渐成为中国重要的短视频平台。

据相关资料的显示，头条视频在过去的某一个月里视频的播放量就达到了 302.7 亿，而当月上传视频的总量就已经达到了 91.2 万，其中原创视频就占据了 4.7 万。从 2015 年开始今日头条试水短视频行业，到了 2016 年短视频被正式作为重点项目进行开发，今日头条逐步利用短视频点燃自己的社交梦。

不仅如此，在 2017 年 2 月 2 日今日头条全资收购了 Flipagram 团队，正式进入了全球范围的短视频市场。

毫无疑问，今日头条在短视频领域已经占据了重要的地位，其拥有的视频内容量也是非常大的。而要想从这个拥有海量级短视频的平台中获得高流量，也变得越来越难。

但是我们都知道，头条是根据推荐算法来进行短视频推荐的，每一个账号都有机会，只要配合着其自身的运营能力，还是能够从中间摸索出提高流量的技巧。

要想了解如何才能提高头条短视频播放量之前，我们需要先弄清楚头条平台的推荐机制是如何运行的。只有充分了解后，才能更深入地探索和发掘提高流量的技巧。我们在分析后，了解到头条视频的推荐机制是这样运作的：

这个推荐机制相当于一场一场的比赛，而评委就是广大的头条用户。我们在头条中上传短视频后，会经过平台的审核和识别，按照短视频的内容和标题进行标签化分类，紧接着会将短视频试探性地推荐给一部分目标用户。

按照第一批用户的反馈情况决定是否要继续推荐，反馈好的短视将进行再次推荐，而反馈情况差的短视频就会直接停止推荐。

从这个流程上可以看出，影响头条推荐量的因素正是来源于用户的反馈，而用户的反馈可以理解为视频的热度和转化率，其中包含着各种影响因素。

明白了推荐流程也就清楚了今日头条的短视频推荐机制，其中存在着很多可控和不可控因素。对于平台自身的机制我们是无法进行修改的，而其中存在的可控因素，就可以成为我们提高视频播放量的入手点。

1. 短视频标题

上面我们已经详细介绍过，如何给短视频起一个好标题，可以提出疑问引起用户好奇心、使用阿拉伯数字更直观等方法。但是，需要注意的是，今日头条在给用户推荐短视频的时候，会按照标题涉及的关键词标签，将其推荐给打过同样标签的用户。

例如：在今日头条中推送的视频内容主要讲的是华为手机的使用技巧，若是短视频标题中包含“华为”这一关键词，那么头条就会将该条短视频推送给所有打了“华为”标签的用户。

因此在写标题时一定要注意，不要做“标题党”，要保证标题和内容的一致性，好内容才是王道。当然，在保证优质内容和标题相匹配的基础上，更具特点的标题才会更吸引用户，而这带来的好处就是影响短视频的各项数据表现。

2. 短视频封面

头条在推荐短视频时，是以标题加视频封面的形式。在目标用户看不到短视频具体内容的时候，标题和封面就成了关键。因此除了有一个好标题之外，还需要有一张好图片作为封面，才能发挥到引导作用。

在封面图片的选择上也是有讲究的，清晰度是最基本的要求。其次还要注意，图片要完整但不要有黑边，否则会影响美观。对于封面图片的选择一定要根据短视频的内容来定，可以运用一些搞笑夸张的图片，可以自己创意设计，也可以在图片上添加一些文字。

无论添加什么内容，都要保证两者之间的融合度。对于短视频的封面图片，尽量选择全景或接近于远景的图片，这样一来，用户点开短视频就更有冲击力，还能增加新鲜度。

3. 点赞、转发和收藏

从今日头条上我们可以发现收藏、点赞和转发量高的短视频都具有一定的特点。

首先，内容实用的短视频更容易被收藏转发，例如生活小技巧、美食制作、手工艺教程等。这类视频能让用户观看完后学会一种技能，对自己有帮助还会增加有新的认识。

例如：《夏天蚊子最怕它，摆在门口和窗边，不用挂蚊帐，家里一只蚊子看不见》，这个视频的标题十分冗长，从标题就能清楚知道视频的内容。虽然视频仅仅只有 1 分 21 秒，却因为内容的实用性获得了 1404 万次播放量。由此可见，实用性内容的短视频是很受用户喜爱的。

其次，来不及或没有时间看完的短视频用户都会先进行收藏或转发，方便下次自己能快速找到该内容。但是这个特点存在一定的偶然性。

最后，对搞笑幽默、新奇的内容，用户总是保持着较高的兴趣，一些非常炫酷、神奇的短视频内容都能成为用户转发、点赞和收藏的内容。

根据以上的这些特点，在制作短视频的时候可以多运用些用户喜爱的选题，在短视频的内容、时间长短和题材等方面更迎合用户的口味。这样一来，就更能提高短视频的转发量、收藏量和点赞数量。

这 3 个方面数量的提高所带来的必定是短视频热度的提升，

那么最终转化成高流量就不成问题了。

4. 头条的评论区

提高短视频热度的另一方面就是增加和用户之间的互动，短视频在被头条推荐后并不是什么都不做就能等来高播放量。互动程度是直接关系到短视频播放量和推荐量的主要因素，因此在短视频运营初期，一定要积极回复评论区中的内容。

除了及时回复用户，活跃头条评论区还可以从以下两个方面入手：

（1）内容

用户一般都是在观看完短视频后才会进行评论，因此，我们要让用户观看完视频后有想要评论的意愿和冲动，这就涉及短视频内容题材的选择，选择一些用户感兴趣，贴近用户生活的，有共鸣的话题作为内容，这样很容易引起用户的表达欲望。

例如一段中国大妈在国外包饺子这个短视频，题材就是非常贴近用户生活的，用户看了这样的短视频就有表达欲望。而中国大妈国外包饺子本身就很具有话题性质，因此该短视频的评论量也是极高的。

而对于一些深奥的内容，用户看不懂自然也就没有想要参与评论的意愿了。内容选题是一方面，我们还可以在短视频中多加入一些可以吐槽的点，抛出一些有争议能互动的话题，引导用户在评论区中讨论。

（2）自己评论

短视频在刚刚被推荐时，参与评论的人很少，我们就可以在评论区中自己发布评论来引导用户参与，从而营造出热闹的氛围，其他用户看到了自然也就想凑一凑热闹了。

提高播放量是很多短视频媒体人最渴望的，但是在提高播放量的同时也要遵循头条发布内容的规则，例如短视频中添加的广告不宜过长、避免抄袭等。

只有在保证内容质量的基础上，运用这些技巧才能达到想要的效果。头条平台是在不断发展的，随之而来的就是机制的变化。想要在头条中获得高播放量，单凭以上的技巧是不足以完成目标的，因此就需要我们在日后的运营中多观察多发现。

如何提高美拍的粉丝关注数

美拍是一个很受用户喜爱的短视频平台，自从美拍的短视频应用推出后就持续爆红，短时间内用户数量就已破亿。据资料显示，截止到 2016 年 6 月，就有 5.3 亿的用户在美拍上进行创作。

如此大的用户基数和活跃度，使得美拍也帮助了很多“平民”用户摇身变成网络红人。那么问题就来了，如何才能从如此高流量的平台上获得更多的用户关注呢？对于刚进入美拍平台的新手来说，要获得高粉丝关注数，关键是要先清楚美拍推荐短视频需要通过什么样的过程，也就是平台机制。

对于刚进入平台的栏目，美拍前期都会给予一定量的粉丝，但是要想获得最原始的粉丝量是有前提的，那就需要你的短视频是有特点的、原创的、栏目化的。只有满足这些前提，你的短视频才可能受到美拍平台的青睐。

当我们积累了一定的粉丝数量后，美拍的推荐机制就是这样的：我们在美拍中发布短视频，最先能够看到的就是已经关注我们的粉丝，根据这些粉丝的播放量、评论量、点赞数量的多少，美拍会有标准地选择短视频进行推荐。粉丝反馈高的短视频会被推荐到相关频道中，这样一来就能获得频道中的流量了。

而如果这部分自然流量对短视频的反馈也高的话，我们的短视频就会被又一次推荐到热门频道中。若我们的短视频出现在热门频道，那么粉丝关注数量、视频播放量等就能轻而易举地获得了。因此，若是想要获得更高的粉丝关注量，我们需要做的就是细致化运营短视频，设计好短视频的每一个环节，才是获得高粉丝关注量的前提。

1. 头像

很多人认为提高粉丝的订阅数量和头像没有太大的关系，但事实上，这其中还是有讲究的。头像出现的地方有很多，包括频道列表、单视频上方等。当短视频被推荐到频道列表时，就需要和其他同样出现在列表中的内容进行比拼。

除了短视频封面的比拼，就是头像之间的较量了。因此在设计头像时需要考虑到，我们的头像能否在一堆内容中快速进入到用户的眼中。在选择头像的时候，尽量选择头像颜色鲜艳一点的或是跳跃色。

要让自己的头像更突出，更有特色，头像一定要吸引人，才能有更多的机会被用户点击。

2. 拟好标题

标题会出现在“你可能感兴趣”一栏中，在这几个栏目中都是单个视频出现，并且标题只显示前 6 个字，因此这 6 个字就变得重要了，直接影响用户在“可能感兴趣”列表中挑选哪一个短视频。

“你可能感兴趣”一般出现在每个小视频评论区的上方。在这里只能显示视频的封面和标题，因此在设置标题的时候要尽量在 6 个字以内就能交代清楚视频的内容。标题要偏娱乐化一些，可以添加些悬疑色彩，但一定不要是标题党。

另外，在拟定标题时会带有标签，要将标签加到标题的末尾部分，以免挡住标题的内容。

标题的重要性不再赘述，严格按照以上两点要求，就能让标题发挥引流的作用。

3. 视频封面

封面图对于每个短视频来说都是重要的因素。在美拍中，每个频道都是以首图视频流的方式进行呈现的，几乎在用户可以看见的界面中，都会出现短视频的封面图。美拍中好的视频封面图能大大提高用户点击的欲望。

那么在选择封面图的时候一定要精挑细选，尽量选择漂亮的、可爱的，也可以选择一些夸张、惊奇的图片，这些都能成为吸引用户的封面图。

在选择封面图的时候还应当注意，封面图要占满整个图片空间，避免出现黑边，使封面看起来更有美感。很多人都觉得封面图并不重要，因此常常会随意选择一张文字图片作为封面，这一点也是需要避免的。文字图片相对来说较为简单，没有创意也没有新鲜感，有时候很难引起用户的关注。

要让用户从一张封面图开始，就有想要打开视频的冲动，这样一来粉丝关注数量自然也就不会少了。

4. 打标签

标签是美拍中的一大特点，标签打得好与坏直接影响到的是短视频的推荐和播放量，因此要集合自己短视频的内容，打上一个专属标签。标签是一定要有的，就是“我要上热门”。打上这个标签，才能让美拍的推荐小编注意到你的视频内容，这样就能增加被推荐的机会。

美拍中包括很多频道，涉及吃秀、美妆、搞笑等。在给短视频打标签的时候，一定要打上相关的标签，但要谨记不要打和短视频内容不相关的标签，否则很有可能在审批推荐的时候被否决掉。

除了上面说到的，打标签还应该注意，标签的数量不宜过多，否则会收到来自美拍系统的私信警告，三四个标签为最佳。还有就是我们在标题中提到过的，标签一定要打在标题的后面，这样才不会影响到标题发挥作用。

5. 热门话题

和微博一样，美拍也同样有个热门话题区域，在这个区域中以时下热门的主题标签或者活动标签为主。

有些标签是长期存在的，这样在我们发布短视频的时候，就可以在标题后面打上这类标签，我们的内容就可以经常在这些主题下面出现，加大曝光率。同时，我们在制作短视频时，也可以根据美拍上的热门话题进行选题，既增加了短视频选题范围，又能紧跟热点。

在这个娱乐至上的年代里，纯说教的内容是没有什么分享价值的，广大用户更喜欢娱乐性强一点的内容。积极参与美拍的热门话题，散发自己的观点，才能吸引更多的粉丝关注。多参加转发热门话题，这样才更容易被粉丝发现你的存在，提高被关注的概率。

美拍平台是在不断升级更新的，而我们能做的就是更细致化的运营，从头像到标题、从封面到视频内容，都是需要我们精心设计的。要做到让每一个发布的短视频，都发挥出最大的效果。同时结合各种技巧，才能获得更多的流量和粉丝关注。

如何通过短视频给微信公众号导流

很多短视频都是在各个平台进行发布的，当我们的短视频在某个平台上获得高播放量时，我们只能清楚地知道一个数据，并非真正知道到底是哪些用户对你的内容感兴趣，更不要说将这些用户留下作为自己的忠实用户了。

而利用短视频给微信公众号导流，通俗意义就是将播放量的数据形式转化成一个个可以直接交流的对象。这样一来我们就可以充分了解粉丝用户，清楚地画出粉丝的“肖像”。

微信公众号的后台有着强大的数据库，可以帮助我们快速了解粉丝用户的特点，清晰地知道用户观看完短视频后最真实的信息反馈，从而不断优化我们的视频内容。无论是运营微信公众号还是短视频，用户都有着重要的作用，我们应该高度重视他们。

但是通过短视频给微信公众号做导流还是有一定难处的，让用户的关注从短视频转移到微信公众号这其中存在着很多环节，是一个非常复杂的过程。因此，我们也只能在不断的探索中，总结出更简单更适合的技巧方式。

通过短视频给微信公众号导流常见的有 4 种方法，即硬转化、内容导流、真人秀转化、活动导流。

1. 硬转化

硬转化是最简单也是最基础的一种导流方式，就是在短视频播放结尾处或视频中，将微信公众号的相关信息放上去。

Maxonor 创意公元在每个短视频播放结束后都会将微信公众号的二维码放置在上面。

Maxonor 创意公元给微信公众号做导流使用的就是硬转化方式，将公众号的信息放置在短视频的结尾处，在转化语文案的选择上也一直沿用着清新、简单的风格，“感受最美的创意生活，请关注 Maxonor 创意公元”。

公众号的信息与短视频剪辑可以说是无缝衔接，在保证内容的正常播放下进行公众号插入，一气呵成。

硬转化虽说是最基本也是最容易的公众号导流方式，但是还需要注意的是，重视转化语的文案写作，好的转化语文案会给微信公众号带来高好几倍的流量。

2. 利用活动转化

通过活动的方式给微信公众号做导流，最重要的就是制定活动策划的内容。我们常见的形式有“关注公众号，可以免费获得一份精美礼品”“扫描二维码报名参与活动”等。

利用几秒的时间，在短视频中添加一些活动信息，这种低成本的方法也能为微信公众号减少一大笔推广费用，还能吸引粉丝关注，达到好的效果。利用活动转化的方式给公众号做导流，比较适合一些小的短视频团队。

由于这种互动的方式简单，且还有一定的效果，因此很多短视频团队在刚开始的时候都会选择这种方式进行导流。从另一个角度看，短视频活动转化也相当于鼓励用户生产内容，而微信公众号就作为用户生产内容的提交平台，这样一来用户自然就关注公众号了，而这对短视频的策划制作、内容选题也是很有帮助的。

3. 内容导流

当你觉得以上两种导流方式都不能达到理想效果的时候，那么就可以选择用内容来做导流。我们经常会见到，最简单的内容转化就是类似于在公众号的二维码旁边配上“想知道更多精彩内容，尽在 ×××× 公众号”的文字。

“看鉴”也是一个很火的短视频栏目，每次用 2 到 5 分钟的时间，普及历史文化知识。它的每一期节目都在结尾部分利用内容给自己的公众号做导流。

例如看鉴“历史大揭秘”中《不得不服，隋炀帝的又一壮举！》的结尾画面，视频内容讲述了隋炀帝通过西巡，又一次打通了丝绸之路，为唐王朝的盛世奠定了基础。在完成一系列讲述后，作者在视频结尾处，再一次抛出了新的话题。

新话题的内容是宋朝的大航海时代，用户要想知道大航海时代的盛况，就需要关注微信号进行回复，才能得到内容。这就是一个利用短视频内容给公众号做导流的方法。看鉴几乎会在每一次视频的结尾处根据视频内容设置一个话题点，引导用户关注公众号。

另外，有些短视频团队会对同一个短视频做出两个不同的版本。一个是视频的完整版，会被投放到微信公众号中，而另一个版本是去掉结局部分的，将被推送到各个短视频平台上。

用户要想看到短视频的结局部分，是需要关注公众号才能获得的。这样的方式表面上是在勾起用户的好奇心，实际上是在利用短视频潜移默化地给公众号导流。选择这种形式一般都是剧情类的短视频。

通过利用短视频内容给公众号做导流，获取粉丝的效果是稳定，但是这也需要长期的坚持，不但需要积累制作出优质的短视频，而且还需要消耗一定的时间精力才能给公众号带来可观的流量。

以短视频内容做导流的方式可谓是多种多样，但是抓住内容转化的点是最关键的问题。选择内容转化的点要能够激发用户好奇、八卦的心理，才能让用户主动去关注公众号。而我们在做内容转化时也一定要注意，引导用户关注微信公众号的文案不要强硬植入到短视频中，这样对用户也是一种伤害，会破坏我们和用户之间的友好。而在选择好内容转化的点后，还需要不断地检验测试，看看选择的内容是否能够达到我们想要的效果。

利用内容导流最关键的一点是，我们选择转化的内容要和短视频正片的内容有较高的匹配度，其次就是在短视频中做内容转化的时候，一定不要忽略用户的观看体验，这样才能给我们的公众号带来预期的流量。

通过短视频给微信公众号做导流，首先需要定义好我们要选择的方式，其次选择好要转化的内容。而要想导流达到效果就需要我们找到用户刚性需求的转化点，才能达到最佳的效果。导流是一个长期的过程，只有在不断测试检验各种方法过后，才能慢慢摸索出适合自己的渠道，给公众号带来更多的流量。

总结经验方法，提高更新速率

对于每一个短视频团队来说，提高视频的更新速率会带来很多好处。短视频的播放时间一般都在 5 分钟以内，要想吸引用户就必须在短时间内满足用户的需求。而在短视频火爆的时代，每个短视频团队都在争夺同一批用户。

因此，只有快速更新作品才能在视频平台上进行大范围的曝光，让用户记住你，否则在短视频产量高的这种情况下，用户会更容易忘记你。当用户养成固定习惯，在固定的时间看你的短视频，那么这个用户就会成为你的粉丝，积少成多慢慢就会吸引更多的流量。

提高更新速度不但能够提高品牌的知名度，而且带来最直接的好处就是收益的增加。而想要提高更新速率，达到短视频日更状态也不是不可能的，要点如下：

1. 认准团队方向

每个短视频团队在建立之后，面临的第一个重要的问题就是确定团队方向。如果用短视频的播放效果来检验团队方向选择的正确与否，是会消耗大量的时间精力的，而单凭短视频的播放量也无法衡量一个团队方向的选择对不对。

因此，在运营短视频之初，我们需要低成本高效率地找到团队方向。确定好我们所在的团队要做什么类型的短视频，是科技类、生活技巧类，还是美食类等。在确定好团队的大方向后，才能寻找到相关的素材资料，然后进行拍摄。

通过团队成员的共同策划制定出每天的短视频选题方向，集思广益，才能达到日更的效果。除此之外，还要对已经推送过的短视频进行数据分析，分析观众喜好类型、短视频特点等因素，从而帮助团队找到正确的选题方向，避免由于错误选题带来的不必要的损失。

2. 抓住核心内容

短视频的最核心元素就是内容，内容的质量直接影响着短视频推送后的效果。要想提高短视频更新速率，达到日更的状态，前提是需要抓住内容核心。很多短视频团队在制作过程中，往往更加重视短视频最终的呈现效果，而忽略核心内容。

视觉效果固然重要，但是团队的工作重心始终是要放在内容上的。因此就要减少对视频外包装的过分追求，比如，减少在短视频片头片尾的复杂设计。尤其是对于很多初创团队来说，先做好内容才是最重要的。

所以，一定要先抓住短视频内容最核心的部分，减少一些外包装。这样一来，在保证质量的前提下，才能提升更新速率，达到日更状态。

3. 发现问题，找到方法

很多团队的短视频更新速度很慢，而如果想要提高更新速率，就需要从每次短视频的制作过程中找到问题，是视频拍摄时间太长、剪辑流程太复杂，还是在选题上浪费太久的时间？只要发现这些问题，并找到解决方法就能帮助我们提高更新速度。

以选题问题为例，姜老刀的日食记，每次在开拍下一集视频的时候，都会进行团队头脑风暴。大家觉得谁的构想好就会共同把这个选题进行完善，然后再动手拍摄。各个短视频的拍摄过程都最大限度地调动全员的工作效率。

这样一来就减少了决策时间，灵活选题，同时还提高了工作效率。毕竟一个人的想法和视野都是有限的，全员进行头脑风暴，才能打开思路同时节约时间。

因此，提高短视频更新速率就要善于发现制作过程中存在的问题，找到高效的解决方法，避免在流程上浪费过多的时间，让拍摄环节尽量做到流程化、一体化和规范化，这样一来每次拍摄流程就能快速复制。

4. 成员构成

要提高短视频的更新速率，我们需要组建一支高效的团队。短视频的更新速度、状态和团队的构建有很大程度上的联系。组建短视频团队大致可以分为 4 个部分，即编导、摄像师、剪辑师和运营人员。

这是一支短视频团队最基本的组成部分。人数不是最重要的，能力才是关键。就拿摄像师来说，一个优秀的摄像师能完成短视频一半的工作，摄像师是短视频制作的关键，而全能摄像师精通各种拍摄方法，可以减少后期剪辑工作甚至不需要再进行剪辑。

这样一来，我们只需要在前期策划更细致一些，对后期短视频包装更突出。因此，短视频制作过程中对团队人员的分配不需要做到分工过于明确，一人多职这样去分配才能提高视频更新速率。

要让团队成员清楚了解制作流程，甚至学习每个流程的工作，那么在完成自己基本工作后，就可以参与到制作流程的其他环节中。一人多职，这样也能减少拍摄的时间成本。所以，团队成员的构成和工作分配与短视频更新速率也有着一定的联系。以上方法，需要结合自身团队的特点进行合理调整。在提高更新速率的时候，切记要优先注重内容的质量。提高更新速率并不是一天两天就能完成的，要想达到像“一条”“陈翔六点半”“二更”这类顶级大号的日更状态，需要慢慢进行提高，达不到日更状态就先达到周更，在稳定短视频的产出量后，再慢慢向日更的方向靠近。

对于用户来说，一个有稳定产量的短视频栏目，更容易占据内心的稳定地位。

08 流量变现：短视频的盈利

对于短视频营销来说，首先需要确定的就是其盈利模式。基于不同的盈利模式制作不同的视频内容，才能实现短视频营销利润最大化。

内容付费

需要付费观看的短视频，本质上就是为内容付费。那么能够让人们自愿掏腰包的内容，大致可以总结出三个特征：新奇、排他、实用。

说起付费内容的特征，许多人脑海里第一个冒出来的想法就是有用。不论人们一开始的目的是增加谈资、补充社交货币还是提升个人的知识技能，付费这个门槛都被认为是可以自动筛选优质内容，而且还能节约注意力成本的。付费行为完成的那一刹那的满足感和充实感，成为当代社会普遍的精神鸦片，同时也是拉动商业运转的永动机。

除了有用以外，人们也会为独家的、排他的内容付费。具体说来，也就是版权。用户是会跟着内容走的，那些经历过版权争夺战的长视频平台以及音乐平台应该深有体会。

足够新奇的内容可以满足人们的好奇心，这样的需求是极其庞大的，但也不可避免地成为重点监管对象。现在的大趋势是短视频的内容逐渐规范化，这样的内容可不是平台赖以发展的主体内容。

在“看鉴”的短视频平台，提供的短视频多是集中在历史、人文以及地理领域，和目前占据着短视频市场一大半江山的娱乐内容相比，它是绝对可以做到获取知识与增加谈资的。而且拥有央视纪录片背景的团队还给看鉴带来了一个巨大优势，那就是坐拥多达三千小时的优质历史地理文化纪录片的版权，其中甚至有着《故宫》《河西走廊》《帝国的兴衰》这种级别的纪录片。这种别人难以获得的重资产模式就是看鉴做内容收费的最大底气。

可是这就引出了一个问题，人们在互联网上有着这么多的选择，如果网友们想要去了解历史人文，可以选择看电视或者看在线长视频、听音频、阅读图文等，为什么偏偏选择在短视频上为内容付费呢？

随着各大视频网站诞生了会员制度，主流音乐平台推出了数字专辑，网络上的人们也逐渐养成了为互联网上的优质内容付费的习惯，整个市场的欣赏程度都已经得到了显著提高。

直到 2016 年年底，游戏、音乐、在线视频等娱乐行为的付费率都已经超过了 4%，而且这个数字还在不断上升。所以能够肯定的是，内容付费的市场，其潜力巨大。

但是在互联网上的音乐、音频、长视频以及移动阅读，从来就不缺乏那种新奇、排他或是有用的内容，那么为什么会有人愿意为短视频上的内容付费呢？

要解答这个问题，就要涉及媒介形态这一话题。在《娱乐至死》里，波兹曼说过一句话："媒介的形态偏好某些特殊内容，从而最终可以控制文化。"单就这个意义而言，媒介隐喻了其中的内容。

所以波兹曼喊出的"娱乐至死"就不再是针对电视里所展示的具有娱乐性的内容了，而现在所有的内容都以娱乐的方式呈现出来。

波兹曼那个时代的电视就相当于现在的互联网，由于互联网存在着许多不同的媒介形式，所以也就产生了对不同类型内容的偏好。

我们将目光拉回移动互联网时代，视频和音频的特点也是各不相同的。单从媒介的特性来讲，音频具有距离感和分寸感，它的特点是沉浸式、伴随性以及碎片化。后面两点完美贴合了用户在缓解自我焦虑方面的需求，至于沉浸感则可以带来更加私密的个人体验。因此当前的付费音频内容主要集中在知识付费和情感交流两个领域里。

而视频呢，采取的是最具冲击力以及最有吸引力的视觉内容，因为视觉上的满足是刚需。2017 年，用户为在线视频付费的金额就已经达到了 217.9 亿元，而且未来的两年里还会继续保持着 60% 以上的增长速率。当然，这里提到的在线视频付费，是指各大视频网站上的长视频。

音频和长视频付费模式运行得如火如荼，不过这两种内容形式并没有完全满足用户的需求。因为长视频动不动就需要观看半小时以上，无法实现内容上的空间并置，虽然音频不会跟其他成熟的平台抢夺用户注意力，可毕竟只能满足听觉，不够生动。于是更便捷而且内容信息承载量更为丰富的短视频逐渐变成了内容付费的重要组成部分，未来的发展潜力不容小觑。

对于为特定内容的产品付费的这种方式，在音频和短视频内容平台比较常见。而短视频则还处在探索的阶段。其实早在

2016 年，秒拍就想过要做内容付费功能，但许多业内人士都不看好，觉得秒拍上都是些娱乐化的内容，观众不太会为这些内容埋单，只会选择去看其他平台。于是这个计划就没再提起。

当然，在内容付费上也有很成功的案例，比如新片场推出的《电影自习室》系列付费短视频，主要为初级电影爱好者设计，里面包含了影视方面的心得与技巧。《电影自习室》总共制作了十六集，单价 299 元，光是预售就卖出去一百多万元，短短两个月时间，一共卖出接近两百万元。

虽然短视频的内容付费已经初见苗头，但是还不成熟，不能像直播打赏或者音频、长视频那样培养出付费的习惯。要想达到那种程度还得注意两点：一是保证能够不断输出高质量内容；二是要能解决用户的痛点，提高用户的复购率。

确实，对于短视频平台来讲，推出一两个成功的付费短视频产品并不难，最困难的地方在于能够长久且稳定地输出优质内容。

只有短视频中的精品才有未来，市场现在逐渐成熟，短视频的付费形式一定会发展得越来越完善。

打赏订阅

短视频内容变现的第二种方式是打赏订阅。预测在未来很长一段时间里，打赏订阅都会是短视频领域最为有效的盈利模式。

不过，在短视频行业里，只有那些自带超高人气和流量的团队才能成功地利用好打赏订阅的功能。

许多用户对打赏订阅这种模式应该都不陌生，这是短视频内容变现最直接有效的方式，也是检验每个短视频内容创作质量的关键标准。用户光是点赞、评论与转发还远远不够，只有他们肯为短视频内容打赏订阅，才说明他们对短视频内容真的喜爱。

打赏这一功能的出现，让越来越多的用户开始愿意为自己所喜爱的短视频付费。在这样的发展趋势下，用户参与打赏活动的热情越来越高涨。要想通过打赏变现，创作者需要注意以下四个方面（如图 8-1）：

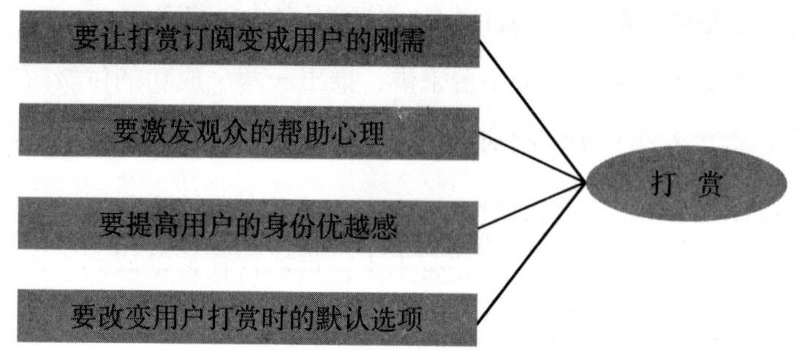

图 8-1 怎样通过打赏获取利益

1. 要让打赏订阅变成用户的刚需

我们可以观察直播行业，发现主播们生产内容最大的动力就在于直播间“粉丝”和观众赠送的礼物。所以为了能够获得更多的礼物，主播们纷纷大显神通，使出浑身解数让观众满意，从而自愿给主播刷礼物。

因为刷礼物是直播变现的常态，所以当用户使用任何一款直播软件时，都不会排斥这种打赏的方式。

直播打赏已经成为观众观看直播的一种习惯。而在短视频行业里，用户对于打赏订阅这种模式还是非常陌生的。

短视频和直播不同，在播放时不能和观众直接互动，所以用户对短视频内容的反馈不会实时地反映出来。于是，在不能为用户的观赏体验带来提升的情况下，打赏不打赏，订阅不订阅，就显得无足轻重了。

而且短视频的观众根本不会意识到，打赏与订阅对一个短视频团队来说有多么重要。所以在创作短视频的内容时，就要想办法让观众看到短视频团队对打赏的需求，只有这样才可以让观众认可、接受并自觉采取打赏短视频的行为。

不要单纯地想用“做出优质内容”的方式去打动观众，寄希望于他们的自觉主动打赏。要知道，观众是被动的，想获得打赏就在短视频里直接说明。当然，具体怎样求打赏还要看短视频团队能编排怎样的话术，这些可以根据短视频内容的风格、定位和主题来进行思考。

2. 要激发观众的帮助心理

要想通过打赏订阅的模式进行变现，短视频团队可以参考直播的那种模式。大部分的网络主播在直播的过程中都会想尽办法让观众给他们刷礼物，比如他们会直接在直播的过程中对观众讲出自己的需求，请观众帮助才能完成，通过这样的方法来博取同情，从而激起观众的帮助心理。

对于短视频来说，同样是做内容生产的，虽在形式上略有不同，但是也可以仿照直播的这种方式直接向观众求助，从而激起观众的帮助心理。

要让观众知道短视频团队需要他们的帮助，将打赏订阅行为变为帮助性的活动。要让观众知道一点，只有他们打赏订阅了，团队才有动力创作出更多优质的内容。如果观众意识到这一点，就会更加愿意进行打赏和订阅。

打赏订阅还是一个持续的过程，要能够让观众看到他们打赏后的反馈效果，这样有利于增加日后的打赏次数。观众的主动打赏，也可以说是短视频创作者之间的一种互动形式，只有两者之间形成一种微妙的良性循环，才能达到产销平衡的作用。

3. 要提高用户的身份优越感

只要是看过直播的都知道，当主播接收到直播间观众打赏的时候，会在直播的过程中采取不同的方式表达谢意。这对于同一时间观看直播的用户来说，不但感叹别人打赏金额之大，同时也容易使用户之间产生攀比的心理。

所以短视频团队要想通过打赏订阅的方式获得变现，也可以学习直播的这一模式。但是，对于不能及时打赏订阅的用户，要怎么做呢？可以设置一种专门的等级制度或是会员制度，让打赏金额越高的用户获取更高的等级，以此来提升用户的优越感。

还可以让不同等级的用户获得不同的权益福利，看上去并不能让用户获得什么实质性的好处，却可以让他们与普通观众之间产生身份上的差别，让那些经常打赏订阅的用户获得心理上的满足感和优越感。

4. 要改变用户打赏时的默认选项

单从打赏订阅来说，给用户两个选择，一个打赏一个不打赏，往往效果都不太理想。可要是让用户从打赏五元和打赏十元之间做出选择，很容易就让用户不由自主地打赏订阅，激起了他们的主动性。通过改变用户打赏时的默认选项，即便不改变任何其他内容，也能收获一定的效果。

然后经过长期的引导与熏陶，让用户打赏成为一种常态，当他们形成这种习惯后，打赏与订阅就变得更加容易了。

打赏变现的这种方式在短视频行业里，并不是最常用的一种模式。打赏订阅变现有个大前提，那就是短视频团队自身得先积累起大量的“粉丝”和人气。

渠道分成

当下的短视频行业发展势头正旺，各大渠道平台在短视频行业推出的扶持计划无疑又是为这个行业添了一把火。对于许多短视频创作团队来讲，这是一个非常大的福利。其中来自渠道的分成，也成为短视频团队创业初期的重要环节。

渠道的分成对于一个短视频创作团队而言是他们初期最直接的收入来源。所以在运营过程中最关键的问题就是对渠道的选择以及思考怎样获取最大的分成利益。当下常见的短视频渠道分成平台有美拍、今日头条、哔哩哔哩等。

这些平台可以分为推荐渠道、“粉丝”渠道、视频渠道，每种类型的渠道都是会产生不同的平台分成方式。

推荐渠道就是通过这个渠道发布的短视频，它们能够获得的短视频播放量，主要是与系统的推荐挂钩的，不会受到过多的人为因素的影响。其中推荐渠道中当属今日头条最为典型。

视频渠道中的短视频和推荐渠道的有所不同，它们主要是通过用户搜索以及平台编辑推荐来获取播放量的，例如搜狐视频。只要拥有了好的推荐位置，那么在视频渠道里就可以获得更高的播放量，渠道产生的收益分成自然不会少。

还有就是“粉丝”渠道，“粉丝”的作用在这个渠道里可以发挥到极致。能对短视频播放量产生最直接影响的就是“粉丝”数量了，其中美拍就是“粉丝”渠道的典型平台。不过值得注意的是，“粉丝”渠道也会存在编辑推荐的方式。

短视频团队面对众多的短视频渠道平台，一定要先进行详细的规划分析才可以着手选择。对于一个短视频团队来说，平台分成虽然很重要，但首先要考虑的是用户、“粉丝”以及短视频品牌形象的发展。每个短视频团队所创作的内容和类型各不相同，所以在不同的平台上也会产生不同的播放效果。

所以要选择好适合自身的渠道投放短视频，才可以收获想要的效果，从而获取平台的分成。短视频团队在选择渠道平台的时候可以这样做（如图 8-2）：

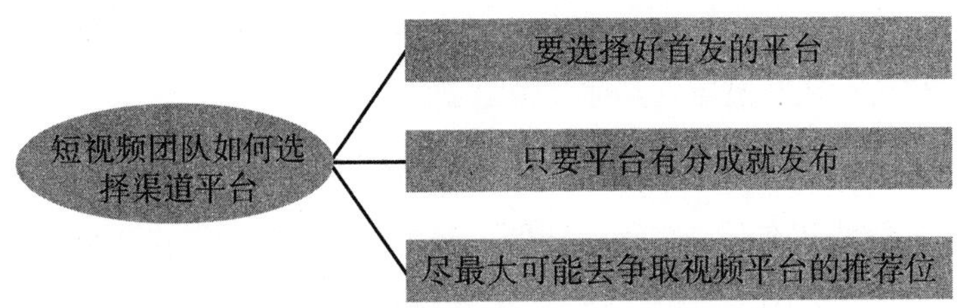

图 8-2　短视频团队如何选择渠道平台

1. 要选择好首发的平台

就比如今日头条，它采用的是系统推荐的机制。人工智能系统会根据用户的观赏习惯对用户进行投放，可以帮助短视频团队精准快速地找到短视频的目标受众，而且还可以帮助团队测试一下创作的短视频内容是否能受到观众青睐。

而那些采取渠道分成机制的平台，如腾讯视频、搜狐视频、爱奇艺视频等，它们多数是采用人工推荐机制的，但同时因为平台上好的推荐位置都被买来的各大卫视的影视剧和综艺节目长期占据着，所以能留给短视频的推荐位是非常少的。

经过这么一对比，是不是觉得今日头条对短视频的精确投放对许多处在短视频创业初期的团队来说，具有极大的吸引力呢？因为今日头条就是通过查看数据然后分析来自用户的反馈，从而找到最适合用户的短视频内容。

除了有着非常好的推荐机制以外，今日头条还具有足够多的用户，这为短视频团队获取更多的播放量以及平台分成奠定了良好的基础。

而且，短视频在头条上出现了错误会及时发现，然后即刻优化之后还能发布到其他平台上去。

所以，今日头条对于许多创业初期的短视频团队来说，最大的优势就在于冷启动，即便一开始没有“粉丝”也大可不必担心。同样的一个短视频，在头条上可以取得较高的播放量时，发布到其他平台上也不会差到哪儿去。不过别以为可以一劳永逸，还是需要团队付出时间精力去用心运营的，这样在头条才能获取更大的增长空间。

2. 只要是有分成就发布平台

分成是短视频团队创业初期最直接的收益来源，所以理所应当的，只要是有分成的平台，团队都要把短视频发布上去。发布的平台越多，获取的分成收益就越多。当然，如果想获得这些分成，还是需要团队掌握一些运营技巧的。

不同的渠道平台都有着不同的特点以及不同的视频呈现方式，所以我们就需要根据不同平台的要求，相应地调整视频的封面、标题、简介和标签这些内容的设计，这些因素最终都会影响到短视频在不同平台上的播放量和分成收益。

至于怎样运营好短视频的每一个环节，在这里就不予赘述了。只要记住一点，分成说对于创业初期的短视频团队来说是非常重要的，但这一切都得建立在拥有优质内容的基础上。

3. 要尽最大可能去争取视频平台的推荐位

目前大多数视频平台，比如腾讯、搜狐、爱奇艺这些，它们的平台主界面都被各种地方卫视的电视剧、电影、综艺节目等购买来长期占据，短视频是很难在这些视频平台争取到好的资源位的。但如果短视频团队能够通过优质的内容争取到这些视频平台的推荐位，视频的流量就有了极大的保证。

最后我们要知道，渠道分成构成了短视频团队最初的经济收入，短视频团队要找到自己的定位，确定好自己的发展方向，找寻适合自身发展的平台，最终才能使短视频营销收益最大化。

广告植入

短视频领域，除了大量资金的支持和海量的内容生产，还需要大量的用户和流量给短视频的商业变现提供最强有力的保障。

短视频通过快速简洁的播放形式与创意内容相结合，使内容生产的价值发挥到了最大，同时也让品牌广告的植入贴合得更加自然。

短视频要想实现流量变现，最重要的一个途径就是商业广告。别看短视频行业现在异常火爆，但它存在的一个最大问题就是流量变现。

虽说商业广告是当下许多短视频大号最主要的变现方式，但有一个前提条件，那就是这一切都建立在拥有了大规模流量的基础上。

许多品牌大厂都知道，现在的传统广告很难覆盖到新一代年轻人了，短视频成了新的推广形式。短视频先通过创作内容吸引大批流量，再为商业广告引流，这就是变现的基本逻辑。

而短视频广告最常用的两种变现方法就是贴片冠名以及软性植入。其中，贴片冠名是很早以前就盛行的一种形式，这种方法就是把品牌名或是产品名作为短视频栏目的名称，通过在片头进行标注、结尾使用字幕鸣谢、视频中人物口播等形式进行宣传。

要说广告冠名，很多人应该知道 2016 年 papi 酱的首支广告拍卖出了两千两百万的价格，其中在《papi 酱的周一放松——奥运跟我涨姿势》中，就首次采取了开篇广告的形式。

那次的视频是由美即面膜冠名播出的，品牌主的产品在那期短视频中出现不超过 10 秒，同时配合 papi 酱五秒的口播，这种就是最为典型的贴片冠名的形式。

贴片冠名的特点就是执行起来速度极快，覆盖的用户极广。而相比起来，软性植入就来得隐蔽了许多，具有“润物细无声”的效果。软性植入在广告植入方式之中是处于最高境界的。这种植入方式非常注重与短视频内容之间的贴合，目的就是把观众心理产生的厌烦感降到最低。

举个例子，魔力美食每天都会发布一条关于美食制作的视频，同时“RIO 鸡尾酒”“大虾来了”等多个美食品牌都与魔力美食有合作。而魔力美食作为一个美食类的短视频节目，大多采用软性植入的广告方式，把产品具有的属性和短视频的内容结合起来，使它们达到一定的契合度，把广告产品包装成为节目内容，非常受用户的喜爱。

比如，它在给 RIO 鸡尾酒做广告的时候，就会采取这样的形式：在短视频的画面里经常会出现 RIO 的品牌标志，而且有的食材的做法还会用到 RIO 鸡尾酒做原料。

将商业广告和短视频相结合，是一种高效的变现手段。不过，这也给短视频制作提出了更高的要求。

1. 要制作出优质的内容

广告主们之所以会选择通过短视频来投放广告，就是希望高效率地利用短视频，来达到近距离接触产品受众，获得较高转化率的目的。现在的短视频行业虽然产量高，但是同质化非常严重，渐渐显露出了供需不平衡的行业现象。

在这个阶段，短视频市场里没有足够多的优质内容可以满足广告商的需求，所以制作出优质的内容且能保证质量不下降是目前最大的挑战。

2. 要使广告和短视频内容高度契合

根据资料统计结果显示，许多用户不会在广告上停留超过 10 秒钟的时间，不过传统的媒体广告形式不用担心这个问题，在广告的投放和选择上可以随意一点。短视频的广告做到时间短、内容短就可以了。

广告和短视频相结合的方式有贴片冠名和软性植入等，它们各具优势，不过根据用户的反映看来，最好的广告方式是软性植入。所以，如果要通过商业广告实现变现，就应该尽量避免没有内容的纯广告和硬性植入的广告。

从外在表现上看，强加在短视频片头或者片尾的贴片冠名广告，会在很大程度上直接影响到用户的观看体验。从内在效果上看，贴片冠名的广告和短视频的内容、情境融入没有任何关系，很容易影响到短视频的流量。所以将广告更加内容化，增加其与短视频的关联性，最好的选择就是软性植入了。

比如美食类的短视频新媒体，会选择他们的广告商大部分都是跟美食有关的。两者需要存在共同点才可以融合在一起，这就是软性植入的特点——把品牌与短视频内容结合起来，在用户观看的时候起到“润物细无声”的效果。

不过，要是想让广告做得更加自然，还不会影响到用户的观看体验，就需要根据自身的短视频内容来选择广告类型，这在很大程度上限制了品牌主们的选择。而且短视频团队还得考虑，选择怎样的方式来投入广告，才能够不影响观众的观看体验。

3. 不要直接拿广告做短视频的选题

除了要把广告做到和短视频内容相契合以外，通过广告变现的时候还要注意，不能直接根据广告商的产品做视频的选题。在策划的时候，需要和商家共同讨论选题和策划的事宜。要保证同时满足广告商对于品牌宣传的需求以及自身短视频新媒体的用户需求。不能由于需要加入广告而忽视了自己栏目的定位，要尽可能根据自身短视频的内容定位去找到广告植入的切入点。

因为对众多短视频团队而言，内容是根基，即使是广告植入，其核心也是在做内容。不能因为广告的植入改变了短视频的风格，转变了内容的方向。所以，短视频团队要根据短视频的定位和用户群特征去创作内容，这点至关重要。

4. 要认识到用户决定着商业价值

要知道，短视频新媒体中，“粉丝”才是最终的目标群，不要仅仅去满足商业广告对应的目标用户的需求，而忽视了自身栏目定位的“粉丝”用户的需求。

如果团队的短视频内容满足不了自身的用户群，最直接的后果就是导致播放量下降，然后参与进来的广告品牌无法获得理想的宣传效果。所以短视频要想通过商业广告进行流量变现，最重要的是从目标用户的定位角度出发，选取适合的主题和广告植入方式。

通过商业广告进行流量变现是短视频行业里最为常见的变现方式。不过变现的方式越来越多样化，许多短视频也不再选择通过广告变现了，还有更加超前、有效、直接的变现方式，可广告变现仍然在众多流量变现方式之中占有很高地位。

电商合作

目前，与内容电商结合的这一变现方式，正在渐渐成为短视频行业里最直接有效、收益最高的变现方式。

谈到内容电商，大多数人都是一头雾水：内容电商是什么东西？

内容电商和传统电商最大的区别就是，它具备两个关键因素，那就是内容和交易。

在互联网上搭建一个店铺，然后通过各种渠道将流量引入店铺中，最终促成交易，这是传统电商的套路。

内容电商则大不相同，它不需要从其他地方引入流量。比如短视频跨境电商，它流量的来源直接依靠的是短视频原有的“粉丝”积累。

传统电商的模式，是通过价格竞争或是单品竞争等方式来进行交易的。内容电商之所以能促成交易，是建立在许多用户本身就对内容具有一定的价值认同基础上的。

现在的时代早已经从图文信息消费的时代，过渡到了短视频消费的时代。所以同样在内容电商的领域里，也发生着巨大的变革。传统电商平台依赖图文宣传推广的模式来获取流量和转化率，早就进入了瓶颈期。而依托短视频的营销模式，开始在电商领域逐渐兴起。

比如说，做美食类短视频的“小羽私厨”就会涉足电商领域，短视频内容在教授用户制作一些美食的过程中，会推荐一些有价值的产品，比如酸奶机、棉花糖机等一系列产品。对于观看这个栏目的女性目标用户而言，这样的内容是很容易激起她们的购买欲望的。用户可以直接去到他们的网店里购买视频中提到的各种厨房用具。

概括来说，内容电商依托短视频变现，有如下三个问题需要有效解决（如图 8-3）：

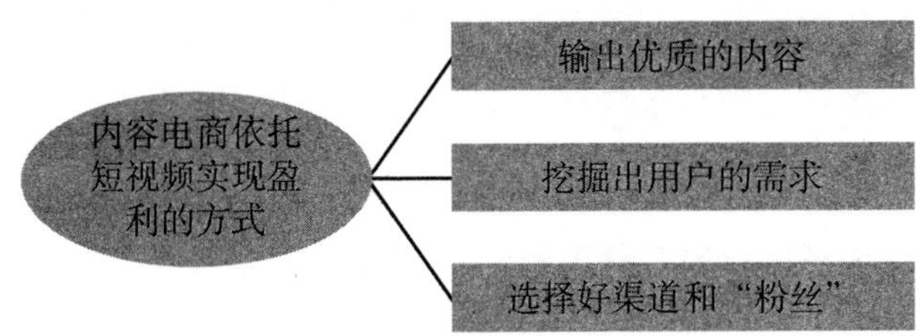

图 8-3 内容电商依托短视频实现盈利的方式

1. 输出优质的内容

内容电商最重要的核心就是内容，用户选择了什么内容就相当于选择了什么样的产品。所以最关键的是抓住内容，要让短视频的内容能够贴合到用户的需求上。许多短视频团队做完第一期视频后就江郎才尽了，怎么也创作不出可以支撑起第二期内容的话题。

那在短视频当中，怎样的内容才算得上是优质的内容呢？短视频现在位于风口之上，具有独创性的原创短视频内容可以使得短视频团队异军突起。内容说起来就是广告，要想做好电商营销，关键就在于短视频的内容是否能做到有趣且有创意。

在内容上，要找出电商产品能和短视频内容相互契合的一个点，然后在这个基础上再进行内容创作，采用各种制作上的技巧将产品表现出来，在给观众、用户带来不可思议的观感体验的同时，还要保持短视频原有内容的风格与趣味性。

除了上面提到的，还必须避免在短视频里对观众进行产品的硬性推广，这会很大程度地影响用户的观看体验，从而导致播放量和点击量的下降。

许多产品都具备自身的实用场景，那么在创作短视频的内容时，就需要把产品还原到对应的使用场景中，可以使短视频播放的内容更有代入感。

所以在将产品与视频内容进行有效结合的时候，要最大限度地避免硬性植入。只有在确保内容足够优质的情况下，才可以增加自媒体和用户之间的互动，保持“粉丝”黏性，最终为商家做出最有价值的宣传。

短视频采取电商方式变现，虽然让视频内容带上了一些目的性，不过只要在画面设计、编剧上做到可看性极佳，就能非常容易地吸引流量。记住，优质的内容直接关系到用户流量的转化。

2. 挖掘出用户的需求

要想做好电商变现，短视频需要做出的关键一步，就是完成与销售的一键转化。优质的短视频可以迅速让信息传播出去。不管是图文，还是短视频内容，能够让用户在一个平台上从内容阅读转化到销售上，才是最终目的。

说得简单直白一点，短视频与电商结合，不过就是变成了商家销售的载体而已。所以在创作内容的时候，短视频团队首先要确定下来，你的内容最终到底是为谁而做，这样才能够找到适合的内容，达到理想中的效果。

不管是直播还是短视频，这些多媒体形式的内容，这些全新的体验方式，不仅能够更加近距离地接触用户，同时还可以满足用户在娱乐方面的需求。说到底，这些各种各样的方式最大的目的就是满足用户的观看需求。

所以在创作内容的时候务必要搞清楚用户的习惯特征以及心理需求。而抓住用户的心理需求，归根结底就是要把握并且利用人性的弱点。而且还要搞清楚，短视频与电商的结合不是对内容进行二次传播，而是二次包装。所以要想在内容的包装上吸引用户的目光，就要找出视频的卖点，要从用户的需求出发，满足用户人性上的需求，才能为用户带来最舒适的观看体验。

3. 选择好渠道和“粉丝”

选择渠道对于电商而言是至关重要的，对于短视频来说，要从单一的平台分发，发展到多平台分发。因为选择什么样的渠道对短视频进行分发，所能带来的点击量和宣传效果都是不同的。

选择渠道时主张“哪里可以销售产品就去哪里发布”，所以微博、微信、淘宝等可以进行交易的互联网平台就成为许多短视频团队的第一选择。

而在选择渠道时要注意一点，电商性质的短视频是不适合投放到长视频平台的，比如优酷、爱奇艺、腾讯视频等各大视频网站。

所以要选择那些流量大而且推荐精准的平台，比如要是对某产品进行宣传销售的短视频，就直接投放到淘宝网的首页进行展示就对了，当然也可以分享到微博这些地方进行宣传。选择正确的渠道，才可以达成预期的目标，不然做什么都是无用功。

在把基础的渠道选择做好之后，接下来就是要注意持续积累“粉丝”了。前面提到的长视频网站虽然不适合发布短视频，但还是可以通过这些网站来积累一部分“粉丝”。现在是“粉丝”经济时代，“粉丝”越多，所能创造的经济效益就越多。

只要在“粉丝”上做到精确把控，那么不管销售什么样的产品，都会有人埋单的，短视频通过电商合作进行变现就是这么简单。

短视频与传统的图文模式的电商相比，无疑是更好的电商营销模式。对于众多短视频团队而言，“短视频 + 电商”的变现模式有着强劲的发展势头，而且渐渐变成了众多变现渠道中最为经济也最为高效的方式。

最后重申一遍，短视频在运营过程中不管选择了什么样的变现方式，都必须确定一点，那就是自己的内容是做给谁的。搞清楚定位后，还要保证视频质量，这是流量变现的关键所在。